TAF

TABLEAU DES ACTIONS À FAIRE

HUGUES GISSLER

TAF

TABLEAU DES ACTIONS À FAIRE

LA MÉTHODE DE GESTION DU TEMPS QUI TRANSFORME LE STRESS EN ÉNERGIE

DUNOD

Éditorial : Innocentia Agbe et Margaux Lidon
Fabrication : Marine Stephan
Conception de maquette : Marion Alfano
Mise en page : PCA
Couverture : Nicolas Wieil

NOUS NOUS ENGAGEONS EN FAVEUR DE L'ENVIRONNEMENT :

Nos livres sont imprimés sur des papiers certifiés pour réduire notre impact sur l'environnement.

Le format de nos ouvrages est pensé afin d'optimiser l'utilisation du papier.

Depuis plus de 30 ans, nous imprimons 70 % de nos livres en France et 25 % en Europe et nous mettons tout en œuvre pour augmenter cet engagement auprès des imprimeurs français.

Nous limitons l'utilisation du plastique sur nos ouvrages (film sur les couvertures et les livres).

11 rue Paul Bert, 92240 Malakoff
www.dunod.com
ISBN 978-2-10-086060-9

Note au lecteur

La méthode TAF, totalement novatrice et assimilée à un savoir-faire, est enregistrée à l'INPI et son auteur (puis ses héritiers) bénéficie de droits d'auteur pendant 70 ans avant de retomber dans le domaine public.

Cela implique que l'utilisation de ce livre est strictement personnelle, que l'acheteur ne peut pas enseigner sa méthode à une tierce personne, même de façon non lucrative.

Le droit d'utiliser la méthode ne peut être acquis que par l'achat du livre ou par l'inscription à une formation proposée par un organisme de formation accrédité TAF-HG, c'est-à-dire ayant passé avec l'auteur un contrat d'autorisation pour enseigner le savoir-faire TAF.

Par ailleurs, certains vocables sont repérés par une astérisque, ce qui signifie que le lecteur en trouvera une définition dans le lexique situé en fin d'ouvrage.

Enfin, l'auteur vous donne rendez-vous dès maintenant sur un forum de discussion Discord, où il recueillera vos commentaires et répondra à vos questions. Le lien est le suivant : https://discord.gg/Mymeprww

Sommaire

Introduction

En 1992, j'étais jeune directeur financier dans une fonderie de mille deux cents personnes et de plus de cent cinquante millions de chiffre d'affaires.

J'étais plein de bonne volonté, mais terriblement désorganisé et sans grande expérience.

Après mon diplôme d'ingénieur j'ai fait de la programmation informatique, ce qui, à défaut d'être passionnant, est très confortable car vous êtes mono-tâche : il n'y a pas de question à se poser, il suffit d'écrire puis de tester vos programmes les uns après les autres, à longueur de journée.

Mais à ce poste de directeur financier, il en était tout autrement. Le poste était exposé, très sollicité. C'était un peu Saint-Sébastien criblé de flèches ! Pourtant j'essayais tous les matins de planifier ma journée après avoir évalué le temps à passer pour chaque tâche, exactement comme dans une méthode industrielle de flux poussés* rigides.

Mais patatras, je voyais vite débouler dans l'encadrement de ma porte de bureau toujours ouverte la haute silhouette de mon chef, le PDG de cette filiale automobile, qui, toute séance tenante, me chargeait d'un nouveau problème, auquel je m'attelais jusqu'au moment où je recevais un appel urgent des ateliers qui changeait encore mes priorités.

Je passais ainsi toute la journée à surfer de sujet en sujet sans en finir aucun.

Même si je me trouvais soudain avec un moment de libre je n'étais pas plus déterminé, me demandant avec anxiété quel sujet je devais traiter en priorité. J'étais en proie à la procrastination* dans toute sa splendeur, ce qui me provoquait soit des crises aigües d'angoisse soit de longues périodes d'abattement. Je contemplai alors d'un air désolé mon bureau où s'entassaient des dizaines de dossiers, ouverts mais non refermés. Ce bureau était à l'image de mon esprit : en vrac.

Je perdais confiance en moi, vivant dans l'insécurité permanente car je n'étais jamais sûr de travailler sur le bon dossier et ce faisant ma concentration n'était pas maximale. J'étais irritable, coincé, tendu et finalement pas très performant.

La prise en compte de l'état de l'art sur les méthodes d'organisation personnelle à travers des livres et des séminaires de formation m'avait intéressé mais n'avait pas résolu mon problème de fond.

La plupart du temps, en effet, on vous propose une ribambelle d'outils, sans lien véritable les uns par rapport aux autres. Ces recettes vous permettent en théorie de mieux travailler, mais à condition de savoir sur quoi travailler ! C'est là où le bât blesse : avant de pouvoir s'atteler à une action individuelle avec l'aide des outils proposés encore faut-il, à l'aide d'une méthode globale, dissiper le brouillard de tâches auquel on est d'abord confronté et identifier les actions pertinentes à mener.

L'efficience en deux temps

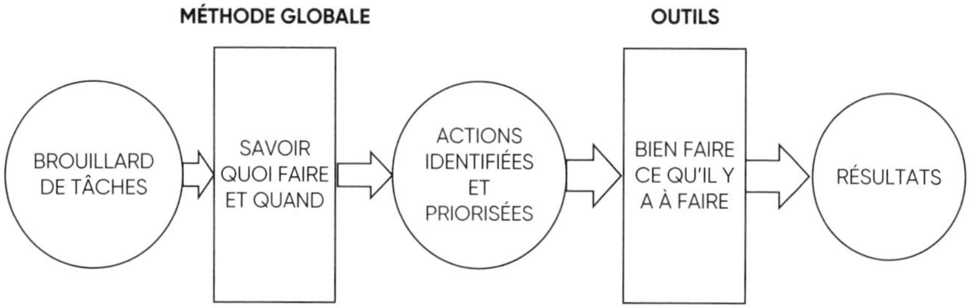

Une autre représentation est de bien faire la distinction entre Pertinence, Efficacité et Efficience, trois notions que nous allons maintenant définir précisément à l'aide du schéma ci-dessous.

Comment atteindre l'efficience ?

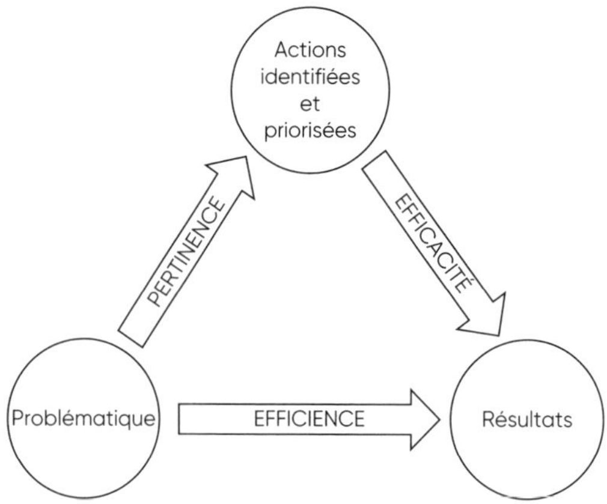

Face à des problématiques diverses, il faut d'abord faire preuve de pertinence pour mettre en face de ces problématiques des actions identifiées et priorisées. Ce n'est que dans un deuxième temps qu'on pourra être efficace en réalisant ces actions à l'aide d'outils et ainsi obtenir des résultats.

Ce que je recherchais donc avant tout, c'était cette méthode globale, qui m'assure de la pertinence, organise complètement mon activité, me soulage et me porte tel un exosquelette*. Il serait bien temps ensuite d'être efficace en appliquant des recettes ou en utilisant des outils.

Et alors la pertinence, apportée par cette méthode globale, suivie par l'efficacité apportée par des outils me conduirait à coup sûr vers l'efficience.

Je voulais aussi une méthode qui puisse faire tache d'huile, qui soit utilisée non pas par moi seul mais par tout un service, suspectant qu'alors les gains seraient exponentiels et que les liens entre personnes d'une même équipe seraient renforcés.

Cet exosquelette n'existant pas sur le marché, je décidai d'en créer un moi-même en m'inspirant des démarches industrielles de flux tirés flexibles* qui remplaçaient progressivement dans les ateliers les démarches des flux poussés rigides*.

Ce point sera développé par la suite. Retenons pour l'instant que cela veut dire que ce qui doit être pris en compte en priorité pour notre organisation c'est le client et ses priorités – qui nous tirent – et certainement pas notre capacité de disponibilité par rapport à une charge de travail – qui nous pousse.

Cette primauté du client – externe ou interne – qui se matérialise par des actions priorisées, comme nous le verrons dès le premier chapitre, est l'ossature même de la méthode TAF mais bien d'autres principes innovants sont venus s'y ajouter au fil du temps pour former aujourd'hui un ensemble cohérent terriblement efficace.

Dès que j'ai commencé à utiliser la méthode TAF dans mon travail, tout le monde a constaté un changement total d'abord sur mon efficacité mais surtout sur ma personnalité. Je devins plus détendu, plus accessible, plus ouvert : une vraie force tranquille qui impressionnait chacun et dont la compagnie était très recherchée.

L'utilisation de ce dispositif me permit de reprendre le contrôle de ma vie. Le bénéfice fut tellement radical que je décidai d'appliquer cette même méthode à ma vie personnelle, bien compliquée avec trois enfants adoptés venus de trois continents différents.

Là encore, la méthode TAF se révéla d'une efficacité insoupçonnable, me calma, focalisa mon énergie sur l'action, décupla mes forces. Je fus capable de réinjecter la force nécessaire dans mon couple qui devait faire face à des problèmes de tout ordre et qui était en train de sombrer, en dépit des qualités évidentes de mon épouse.

Aussi, n'ai-je qu'une envie aujourd'hui : que le lecteur de ce livre suive en accéléré la même évolution favorable que moi et retrouve grâce à TAF du plaisir et de l'efficacité dans sa vie professionnelle d'abord mais aussi dans sa vie privée. C'est pourquoi, si bien sûr je développe surtout l'utilisation de TAF dans la vie professionnelle, je n'oublie pas non plus de façon adjacente son utilisation dans la vie privée.

Dans le chapitre I (Testez-vous pour comprendre vos besoins) vous pourrez déjà évaluer à travers différents tests quelle est votre situation de départ et dans quel degré d'urgence vous êtes par rapport à la méthode.

Dans le chapitre II (Comprendre l'esprit TAF) je détaille les principes de base inscrits dans la méthode TAF.

Cette sensibilisation progressive vous permettra d'aborder sereinement le chapitre III (Mettre en pratique la méthode TAF), cent pour cent pratique, qui vous détaille par le menu toutes les opérations prévues par la méthode.

Mais il faut un chapitre IV (Pour aller plus loin avec TAF). Car le recours à TAF vous assure la pertinence. Reste encore à être efficace pour approcher l'efficience (voir le schéma «Comment atteindre l'efficience»)

Voilà le descriptif de ce livre reconnaissable entre tous grâce à son fond jaune et que j'ai pris l'habitude d'appeler le bananier.

CHAPITRE 1

Testez-vous pour comprendre vos besoins

Les tests représentent le morceau de choix de cette partie. Présentons néanmoins rapidement quelques notions préliminaires.

Première présentation de la méthode TAF

La première chose à savoir est que la méthode TAF est une méthode de gestion du temps et que c'est un outil **individuel**. Ce n'est pas un outil de planification – ou de périodisation si vous préférez – comme un GANTT* par exemple. Un GANTT* est en général partagé entre plusieurs personnes travaillant sur un même projet alors que la méthode TAF est un outil pour une seule personne.

C'est d'ailleurs une de ses grandes forces de ne pas vouloir se substituer à des démarches qui ont fait leurs preuves en gestion de projet comme le planning GANTT*.

TAF signifie tableau des actions à faire. En effet, au centre de la méthode il y a un tableau à géométrie variable que l'on manipule en permanence avec des actions à faire, auxquelles on a affecté une priorité chiffrée allant de 0 à 9 (0,1, 2...).

Le schéma ci-dessous en présente un exemple dans sa forme la plus simple ; c'est le programme d'une journée gérée de façon simple.

Le TAF est à géométrie variable

Nu	Actions	Prioritè	Date limite
1	faire synthèse Loeillet persp XXX	0	
2	relancer l'enquête miroir	1	
3	rentrer codes méthodes dans Shawware	1	
4	faire suivi du plan PAP	1	
5	lancer étude Quikore	1	
6	contacter LA pour augm. Préusinage F4R	1	
7	répondre à Charles sur Pierard	2	05/07/2023
8	tél Lebeau pour couverture aluminium	2	

Il peut augmenter en largeur si on passe d'une gestion simple à une gestion complète.

Il peut augmenter en hauteur si on s'intéresse au programme d'actions hebdomadaire (actions de priorité 0,1,2,3) ou au programme total (actions de toutes les priorités).

La pièce maîtresse est donc ce tableau toujours actualisé en fonction des évènements qui surgissent et que l'on tient à jour au mois, à la semaine, à la journée.

La méthode TAF est donc une méthode qui vous permet de disposer en permanence du tableau le mieux adapté pour définir et rythmer votre journée de travail.

À qui s'adresse la méthode TAF ?

À l'exclusion des postes répétitifs cadenassés par une procédure ou un logiciel immuable TAF s'adresse à toutes les personnes fortement sollicitées – et aujourd'hui c'est le cas habituel. Et il n'est pas nécessaire d'avoir une fonction d'encadrement pour voir sa vie changer radicalement avec la méthode TAF.

Dans la sphère privée, la méthode peut être utile à toutes les personnes qui doivent gérer une vie de famille : être en relation avec l'instituteur, le prof de sports, le moniteur de voile, le médecin, le dentiste, les parents d'élèves.

C'est aussi plus largement le cas pour toutes les personnes qui jonglent entre différentes activités, projets…

Comment se passe l'apprentissage de la méthode TAF ?

Beaucoup d'ouvrages ou de formations basés sur des outils insistent sur la nécessité du pas à pas, sur la patience à avoir pour s'améliorer petit à petit.

Rien de tout cela avec la méthode TAF. Les progrès sont immédiats, dès lors que vous y êtes psychologiquement préparé par la prise en compte de deux préalables : – avoir conscience que vous avez besoin de cette méthode (c'est l'objet de ce chapitre I) et avoir saisi la philosophie de cette méthode à travers la pleine compréhension des principes de base (c'est l'objet du chapitre II).

La mise en pratique est très simple. Car TAF est essentiellement basée sur la manipulation de deux fichiers via un simple tableur comme par exemple LibreOfficeCalc (ou Nums dans le monde Apple).

Au chapitre III vous trouverez, si vous en avez besoin, les quelques manipulations nécessaires pour acquérir sur Internet ce tableur gratuit (ou un autre similaire).

Seules quelques fonctions basiques seront par la suite sollicitées : réaliser un tri des données, définir une zone d'affichage ou d'impression.

Donc si TAF est informatisée elle ne requiert cependant aucune connaissance particulière en informatique.

On peut aussi se demander quel est le taux de succès de la méthode ? La sélection entre les futurs adeptes de TAF et les réfractaires se fait au départ au moment de l'exposé de la méthode. Soit le lecteur ne va pas y adhérer, soit il sera enthousiaste et commencera son premier TAF total le soir même !

Certains passeront à côté pour plusieurs raisons.

D'une part, il se peut qu'en fait certains ne soient pas réellement surchargés de travail. Une gestion au fil de l'eau et sans grande organisation de leur activité suffit à obtenir des résultats et ils ne voient pas la nécessité de changer d'organisation. La méthode TAF est avant tout faite pour secourir ceux qui ploient sous la charge de travail.

D'autres recherchent l'adrénaline que leur apporte leur inorganisation. Ils ne se rendent pas compte que si cette dernière leur convient, elle indispose leur entourage. En prenant connaissance de la méthode TAF, ils s'apercevront qu'elle requiert de la rigueur et de la discipline et qu'en retour ils vont gagner en tranquillité et en maîtrise : ils ne sont pas prêts à s'engager dans cette voie.

D'autre part, nous n'avons pas relevé de profil psychologique type. Tous tireront parti de TAF mais ceux pour lesquels TAF sera une vraie bénédiction seront les personnes anxieuses. Ces dernières pourront réellement se reposer sur TAF, qui – comme un exosquelette – décuplera leur force, transformera le stress venu de l'extérieur en énergie. Ce sera une vraie renaissance pour elles.

Le test des situations mal vécues

Avant de découvrir TAF, il me paraît important de vous positionner, de bien identifier votre point de départ et ainsi de bien mesurer le chemin à parcourir. C'est l'objet des trois tests qui vont suivre.

Le premier test vous propose un certain nombre de situations que j'ai personnellement vécues, et plus précisément mal vécues car elles ont généré chez moi des sentiments négatifs pendant longtemps.

Au fur et à mesure que vous prendrez connaissance de ces scénettes, posez-vous la question de savoir si vous-même vous avez été confronté à des circonstances comparables, aux mêmes situations que les personnages cités et si vous en avez éprouvé les mêmes sentiments désagréables.

Vous avez le choix entre trois réponses à cocher :

Jamais : 0 point.

Situation approchante : 1 point.

Situation quasiment la même : 2 points.

Test des situations mal vécues

Rep	Affirmation	Jamais	Approchante	Quasiment la même
1	Richard fait un point avec son chef Elodie			

Rep	Affirmation	Jamais	Approchante	Quasiment la même
2	Bilal change déjà de sujet			
3	Pascal ne remet pas la main sur l'ordre du jour			
4	Salah et Kevin se disputent			
5	Francis doit faire une analyse du budget			
6	Caroline cherche son chef			
7	Marion peste contre Mylène			
8	Damien perd son temps en réunion			

1. Richard ne se sent pas à l'aise. Élodie, sa chef lui a programmé un point sur un sujet qu'il vient à peine de commencer. Il se demande ce qu'il doit exactement préparer. Il décale deux réunions pour pouvoir réfléchir à son aise. Le point arrive avec Élodie. Celle-ci se contente de rappeler les grandes orientations du sujet. Richard est perturbé et a le sentiment d'avoir travaillé pour rien.

2. Bilal arrive tôt le matin, car comme le lapin d'Alice aux Pays des merveilles, il a le sentiment désagréable d'être toujours en retard. Il commence par la première tâche impactée par la lecture de son premier mail. Le téléphone sonne : c'est son chef qui lui en rajoute une très urgente. Bilal abandonne immédiatement sa première tâche et passe à celle demandée par son chef. Un sentiment de non-respect de soi l'envahit.

3. Pascal part en réunion dans 10 minutes. Il veut préparer sa réunion en lisant une note technique, comme stipulé dans l'ordre du jour. Mais où est-elle donc ? Il sait qu'il l'a vu, mais impossible de remettre la main dessus ; il faut dire qu'il a une pile de mails non traités impressionnante et que la fiche technique en question s'y cache sans doute ! « Encore une réunion où je ne serai pas à la hauteur » se dit-il.

4. Salah et Kevin se retrouvent chez un client. Pendant la discussion, Salah – qui est le chef – se tourne vers Kevin et lui demande de présenter l'étude sur le produit X. Kevin est incapable de répondre. À la fin du rendez-vous, Salah demande des explications à Kevin. Celui-ci ne comprend pas.

– Je vous avais dit de vous en occuper, lui crie Salah très en colère.

- Mais non, j'avais interprété notre contact comme juste un point d'information. Je pensais que vous vouliez vous occuper personnellement de ce contrat».

Les deux hommes se disputent violemment.

5. Francis participe à un comité de direction. Le patron vient de demander à chacun de faire une présentation sur les corrections du budget dans son secteur. Arrive son tour : il n'avait même pas vu le mail dans sa messagerie de réception, qui compte plus de cinquante mails non lus. Sa prestation est très mauvaise. «Mais comment font les autres ?» pense-t-il.

Il se rassoit avec un sentiment de dévaluation de lui-même.

6. Caroline se plaint : son chef est invisible. C'est très gênant car elle a absolument besoin de lui pour continuer à travailler. «Mais que peut-il bien faire de toutes ses journées ? il n'est pas sérieux, il n'est pas compétent». Caroline en arrive à mépriser son chef.

7. Marion se précipite dans le bureau de sa collègue Mylène vers 17 heures afin de faire le point sur un dossier. Sa voisine de bureau lui répond :

- Vous cherchez Mylène ? Elle est partie.
- Ce n'est pas vrai ! Ce dossier est urgent et je pars ce soir à Paris. Elle le fait exprès ou quoi ?». Marion maudit Mylène.

Petit à petit elle la prend injustement en grippe.

8. Damien est convoqué à une réunion sans ordre du jour précis. Il y passe l'après-midi entière sans broncher : «Encore une demi-journée de perdue», se dit-il à lui-même.

Pour ce test, le score maximal est de 16.

Vous avez obtenu un score inférieur à 4 : il semblerait que vous soyez organisé. En tous cas vous ne subissez d'aucune façon les conséquences d'une mauvaise organisation. Je pense même que vous avez une certaine appétence pour cet aspect de votre métier.

Dans ces conditions, TAF va vous plaire. Sans révolutionner votre façon de faire, vous y trouverez des compléments qui vont vous parler et que vous adopterez sans aucune difficulté pour hausser encore un peu votre niveau de jeu.

→ Vous avez entre 4 et 8 : sans être un enfer, votre quotidien est gâché par des évènements pénibles, conséquence d'un manque d'organisation et de clarté de votre part. Le recours à la méthode TAF vous sera bénéfique car il supprimera ses moments de mal être que vous éprouvez de temps en temps.

- Vous avez au-dessus de 8 : il n'est pas normal que vous subissiez autant d'épisodes déstabilisants, qui doivent avoir un effet délétère sur votre moral. Vous avez un besoin criant de TAF ! L'adoption de TAF sera pour vous comme une renaissance. Cela changera radicalement votre position par rapport au travail. Vous connaîtrez enfin le plaisir de travailler sans que ce plaisir ne soit gâché par une absence d'organisation individuelle.

Le test de l'efficacité professionnelle

Passons au deuxième test qui mesure aussi sous un autre angle l'étendue des dégâts. Cette fois, on va s'intéresser aux conséquences d'une organisation défaillante du temps.

Pour les deux tableaux ci-dessous vous allez répondre de la façon suivante en face de chaque proposition :

R = rarement Q = Quelquefois S = Souvent T = Toujours

Puis, pour établir votre score, vous regarderez le tableau suivant qui vous attribuera un nombre de points. En effet, il ne peut pas y avoir une notation unique, car les questions sont posées de deux façons différentes.

Pour une question positive R vaudra 0 point, Q 1 point, S 2 points et T 3 points. C'est le cas de la question 1 « mon bureau est plutôt bien rangé ».

À l'inverse, pour une question négative R vaudra 3 points, Q 2 points, S 1 point et T 0 point. C'est le cas de la question 3 « je sacrifie fréquemment ma vie personnelle ».

Test de l'efficacité professionnelle (1)

Rep	Affirmation	R	Q	S	T
1	Mon bureau est plutôt bien rangé				
2	J'arrive à l'heure aux réunions et aux rendez vous				
3	Je sacrifie fréquemment ma vie personnelle				
4	J'ai tendance à allonger petit à petit mes journées de travail				

Rep	Affirmation	R	Q	S	T
5	J'emporte de plus en plus du travail à la maison				
6	J'estime que je dépense beaucoup d'énergie pour peu de résultats				
7	Je dois compenser le manque de travail et de compétence des autres				
8	À la fin de la journée, j'ai l'impression d'avoir avancé dans mon travail				
9	J'ai du mal à citer les 10 tâches qui représentent ma raison d'être dans l'entreprise				
10	Je peux citer spontanément mon objectif de la semaine				

Score du test efficacité professionnelle (1)

Rep	Affirmation	R	Q	S	T
1	Mon bureau est plutôt bien rangé	0	1	2	3
2	J'arrive à l'heure aux réunions et aux rendez vous	0	1	2	3
3	Je sacrifie fréquemment ma vie personnelle	3	2	1	0
4	J'ai tendance à allonger petit à petit mes journées de travail	3	2	1	0
5	J'emporte de plus en plus du travail à la maison	3	2	1	0
6	J'estime que je dépense beaucoup d'énergie pour peu de résultats	3	2	1	0
7	Je dois compenser le manque de travail et de compétence des autres	3	2	1	0
8	A la fin de la journée j'ai l'impression d'avoir avancé dans mon travail	0	1	2	3
9	J'ai du mal à citer les 10 tâches qui représentent ma raison d'être dans l'entreprise	3	2	1	0
10	Je peux citer spontanément mon objectif de la semaine	0	1	2	3

Test de l'efficacité professionnelle (2)

Rep	Affirmation	R	Q	S	T
11	Il est inutile de me rappeler ce que l'on m'a déjà demandé				
12	Je passe pour quelqu'un d'informé				
13	Je change souvent de priorités en cours de journée				
14	Je perds beaucoup de temps à rechercher certains documents				
15	Je n'ai pas assez de temps pour me tenir informé des évolutions de mon métier				
16	Les tâches qui me restent à faire me donnent le vertige				
17	Je peux citer instantanément mon objectif du mois				
18	Il m'arrive de ne pas savoir comment commencer une tâche				
19	Je vois mon conjoint me parler le soir mais je ne l'entends pas				
20	Je sais prendre le temps de mûrir les dossiers délicats				

Score du test efficacité professionnelle (2)

Rep	Affirmation	R	Q	S	T
11	Il est inutile de me rappeler ce que l'on m'a déjà demandé	0	1	2	3
12	Je passe pour quelqu'un d'informé	0	1	2	3
13	Je change souvent de priorités en cours de journée	3	2	1	0
14	Je perds beaucoup de temps à rechercher certains documents	3	2	1	0
15	Je n'ai pas assez de temps pour me tenir informé des évolutions de mon métier	3	2	1	0
16	Les tâches qui me restent à faire me donnent le vertige	3	2	1	0

Rep	Affirmation	R	Q	S	T
17	Je peux citer instantanément mon objectif du mois	0	1	2	3
18	Il m'arrive de ne pas savoir comment commencer une tâche	3	2	1	0
19	Je vois mon conjoint me parler le soir mais je ne l'entends pas	3	2	1	0
20	Je sais prendre le temps de mûrir les dossiers délicats	0	1	2	3

On peut obtenir 3 points sur chaque ligne. Il y a 20 questions. Donc le score maximum possible est de 60.

- Entre 0 et 25 points vous vous faites déborder par les autres mais aussi par vous-même car vous n'avez jamais réfléchi à votre gestion du temps : TAF sera une bénédiction pour vous.
- Entre 26 et 45 points vous avez quelques réflexes de survie par rapport à la double pression de votre environnement et de vos mauvais penchants. TAF vous permettra de les inscrire dans une démarche consciente et construite.
- Entre 46 et 60 points vous avez probablement déjà réfléchi en profondeur à la meilleure utilisation possible de votre temps. TAF vous semblera familier et consolidera définitivement votre approche.

Le test des voleurs de temps

Le troisième test concerne les voleurs de temps*.

Qu'est-ce qu'un voleur de temps ? C'est une activité chronophage qui n'apporte pas grand-chose. On y passe beaucoup de temps pour un bien maigre résultat.

Les voleurs de temps sont partout. C'est pourquoi on a tenté de les classer en trois groupes :

- Ceux dus à la personnalité : vous pouvez avoir une tendance naturelle à la procrastination* ou être perfectionniste jusqu'au bout des ongles.
- Ceux dus à votre environnement : un retard dans des décisions qui doivent être prises par la hiérarchie ou une fâcheuse tendance à la réunionite, c'est-à-dire à l'excès de réunions peu productives.

- Ceux dus à votre organisation personnelle : des conversations téléphoniques mal gérées ou l'insuffisance de l'outil informatique.

Chaque groupe possède 10 à 12 voleurs de temps : vous vous attribuez 0 point si vous répondez Rarement (colonne R) 1 point si vous répondez Quelquefois (colonne Q) 2 points si vous répondez Souvent (colonne S) et 3 points si vous répondez Toujours (colonne T).

Test sur Les voleurs de temps (chez moi)

Rep	Affirmation	R	Q	S	T
1	Pauses café trop longues				
2	Procrastination				
3	Manque d'auto discipline				
4	Baisses de moral				
5	Manque d'assertivité				
6	Mauvaise condition physique				
7	Manque de concentration				
8	Soucis familiaux				
9	Incapacité de dire non				
10	Manque de compétences				
11	Manque de concision				
12	Perfectionnisme				

Test sur Les voleurs de temps (dans mon environnement)

Rep	Affirmation	R	Q	S	T
1	Excès de réunion (réunionite)				
2	Priorités trop floues				
3	Fausses urgences				
4	Attente ou report de décision				
5	Mésentente avec le supérieur hiérarchique				

Rep	Affirmation	R	Q	S	T
6	Désorganisation des autres				
7	Actions mal définies				
8	Absence de sens				
9	Délégation inversée				
10	Conflits non gérés				

Test sur Les Voleurs de temps (dans mes méthodes)

Rep	Affirmation	R	Q	S	T
1	Manque d'ordre				
2	Conversations *téléphoniques mal gérées*				
3	Mails en retard de lecture / traitement				
4	*Ruptures de tâches*				
5	Absence de méthode				
6	Insuffisance outil informatique				
7	Manque de prévision				
8	Freins à la délégation				

Le score maximal est cette fois de 90 points.

- En dessous de 20 points : vous avez déjà bien identifié les voleurs de temps*, vous en avez conscience et ils ont peu d'impact sur votre travail.
- Entre 20 et 60 points : les voleurs de temps ont une certaine emprise sur vous. TAF vous aidera à réduire votre soumission aux voleurs de temps.
- Au-delà de 60 points : vous ne devez pas avancer beaucoup dans une journée car vous vous faites littéralement manger par les voleurs de temps*. Vous verrez immédiatement la différence avec l'utilisation de TAF.

Ces trois tests vous mettent dans d'excellentes dispositions d'esprit pour entrer dans le chapitre suivant qui va vous aider à comprendre l'esprit TAF en en saisissant les principes et les approches intégrées.

CHAPITRE 2

Comprendre l'esprit TAF

À l'issue du chapitre I, vous savez dans quelle mesure et avec quel degré d'urgence vous avez besoin de la méthode TAF par rapport à votre fonctionnement actuel.

L'apprentissage de cette dernière démarre ci-dessous, en commençant par saisir l'esprit de TAF à travers ses principes de base.

Principe 1 : l'action plutôt que la tâche

J'en ai lu des livres sur les méthodes d'organisation personnelle, je suis même allé dans un de ces stages sur la gestion du temps que proposent les principaux organismes de formation sur deux jours. Je suis toujours sorti de ces lectures ou de ces journées avec un sentiment d'inabouti et l'impression que l'on n'abordait pas le sujet sous le bon angle.

La plupart des livres et des séminaires sont basés sur l'identification des tâches, dont on tente d'estimer la charge, c'est-à-dire la durée, passage a priori obligé pour programmer sa journée heure par heure. Cela m'est apparu comme étant une impasse.

On essaye parfois de classifier les tâches, de distinguer les tâches primaires et les tâches secondaires. Ou alors on note les tâches de 1 à 5 en fonction de la part de réflexion qui y est incluse, 1 correspondant aux tâches d'exécution pure, 5 aux tâches complexes nécessitant une réflexion en profondeur voire une maturation, 2,3,4 étant des niveaux intermédiaires. Ensuite on recherche à faire des journées équilibrées avec autant de tâches 1 que de tâches 2 que de tâches 3 que de tâches 4 que de tâches 5. On organise des relevés de temps, on fait intervenir la chronobiologie. Que de temps perdu pour un résultat modeste alors que vos clients sont en train de piaffer d'impatience !

La méthode TAF est une des seules méthodes à ma connaissance qui fait bien la distinction entre la tâche et l'action et qui travaille exclusivement sur les actions et pas sur les tâches. Mais quelle est donc la différence entre une tâche et une action et pourquoi ne faut-il travailler que sur les actions, tout en ignorant les tâches ?

Une tâche est un tout, par exemple l'élaboration d'un budget ou un chiffrage de prix de revient d'un produit. C'est un ensemble complexe, parfois réparti entre plusieurs individus (on parle alors plutôt de projet), ce qui en complexifie encore la maîtrise. Le résultat attendu de la tâche est en général clair mais le process pour obtenir ce résultat peut se révéler flou et anxiogène.

Une action, elle, est élémentaire, individuelle, parfaitement identifiée. Par exemple, à l'intérieur de la tâche qui consiste à établir le budget, cela peut être d'obtenir auprès du service commercial les prévisions commerciales. Autre exemple, à l'intérieur de la tâche qui consiste à réaliser le chiffrage d'un prix de revient, ce peut être d'établir la gamme d'un nouveau produit à lancer.

Des tâches peuvent être différentes par nature : par exemple les projets sont des tâches particulières nécessitant une gestion spécifique mais le point commun à toutes les tâches c'est qu'elles sont composées d'actions.

L'action est l'unité élémentaire de la tâche comme l'atome est l'unité élémentaire de la matière.

Pourquoi faut-il dès lors s'intéresser uniquement aux actions tout en ignorant les tâches ?

La tâche pose deux problèmes qui sont d'ailleurs liés : elle est doublement anxiogène, d'abord par son ampleur et ensuite parce qu'on ne sait pas par où la commencer.

Considérer une tâche peut donner le vertige : en suis-je capable ? Combien de temps ai-je pour la réaliser ? Mes collègues sont-ils prêts à jouer le jeu ?

Une tâche qui regroupe plusieurs personnes peut avoir tendance à être plus difficile à appréhender. Au contraire, une action qui ne dépend que de vous peut être rapide et facile à réaliser. Si la tâche est anxiogène l'action, elle, est sécurisante.

Pendant sa réalisation, vous vous sentez bien car vous savez exactement quoi faire, puis, comme vous arrivez rapidement au résultat, l'action étant courte et facile, votre bien-être augmente encore à la réussite de l'action. On peut se réjouir tout de suite d'avoir récupéré les prévisions commerciales alors qu'il faudra attendre des semaines et des semaines pour avoir la satisfaction d'avoir bouclé le budget.

Voici un exemple pour bien comprendre la différence de ressenti lorsque l'on raisonne en actions au lieu de raisonner en tâches.

Vous savez tous que les Chinois ont envahi le Tibet provoquant la fuite de nombreux bonzes vers l'Inde. Cet exil était en général réservé aux plus jeunes d'entre eux car le chemin était de plus de deux cents kilomètres avec des sommets de plus de six mille mètres à franchir. Mais un jour, on vit arriver un vieillard de quatre-vingts cinq ans qui avait suivi ce même périple. On lui demanda comment il avait fait pour franchir toutes ces montagnes jour après jour, nuit après nuit. Il répondit simplement : «j'ai mis un pied devant l'autre».

La symbolique est évidente. La fuite du Tibet vers l'Inde à travers les montagnes représente une tâche; mettre un pied devant l'autre est une action. Et l'on voit bien dans cet exemple que ce sont les actions qui font avancer la tâche. On peut penser que si le vieillard avait levé la tête, regardé tous ces sommets enneigés, il aurait vite renoncé à sa folle entreprise, mais il s'est contenté de regarder ses pieds et, en se concentrant sur les actions élémentaires, il est venu à bout de sa tâche, sans presque s'en rendre compte.

La tâche est donc anxiogène par son ampleur, mais elle l'est aussi par son flou, qui met mal à l'aise. Par quel bout la prendre? Comment la dominer? N'est-ce pas trop ambitieux de vouloir l'appréhender dans son ensemble, d'autant plus qu'elle est susceptible de se transformer dans le temps?

Ne suffit-il pas plutôt de déterminer les premières actions, dont la réalisation va en enclencher d'autres et ainsi de suite jusqu'à l'accomplissement complet de la tâche?

Je suis passionné de stratégie des entreprises et souvent celle à déployer dans les entreprises s'inspire de la stratégie militaire. La légende représente Napoléon comme capable de concevoir des plans généraux d'attaque mais Thomas

Durand, responsable du département Stratégie au CNAM, nous rappelle dans une de ses délicieuses vidéos que c'était aussi lui qui disait à ses maréchaux les plus proches, aux Lannes, Davout, Soult : «j'engage et je vois». Napoléon se lançait ainsi dans des premières actions qui, même si elles étaient ponctuelles, lui apportaient de l'information sur les capacités de résistance de l'adversaire, ce qui lui permettait ensuite de définir plus facilement son plan d'attaque général.

En résumé, comme nous le disions précédemment, la méthode TAF ignore la tâche en elle-même et se concentre sur les actions, et en particulier les premières actions, sachant pertinemment que la réalisation de ces dernières va grignoter petit à petit la tâche tout en la précisant, tout en lui enlevant progressivement son caractère de flou, synonyme d'angoisse et de procrastination*. Le rythme de réalisation des actions va donc déterminer l'avancement de la tâche, dont il est inutile de se préoccuper, concentrant ainsi toute notre énergie sur les actions en elles-mêmes.

Notons aussi une différence de syntaxe entre la tâche et l'action. La tâche est souvent représentée par des vocables (l'élaboration du budget, du plan d'investissement, la fuite du Tibet vers l'Inde…) alors que l'action commence par un verbe (récupérer les données commerciales, déterminer la rentabilité, mettre un pied devant l'autre…). Le vocable peut être insaisissable, le verbe d'action parfaitement clair et concret.

Pour en revenir aux premières actions, elles sont souvent bloquantes par rapport à d'autres ultérieures. Tant que cette première action n'a pas été faite il est inutile de s'intéresser aux autres puisque celles-ci ne peuvent pas être mises en chantier. Mais lorsque ce premier palier va être réalisé, une autre action sera alors possible : **c'est le fameux effet cascade inclus dans notre méthode.**

Il est important de se rendre compte que la méthode TAF travaille de façon nouvelle : elle va beaucoup plus loin qu'une décomposition de tâches en sous-tâches, comme ce que l'on voit en gestion de projet dans des plannings GANTT*. Avec TAF ce n'est ni de décomposition ni de planification dont il s'agit, mais de désintégration et – comme nous le verrons plus en détail au paragraphe suivant – de priorisation relative.

Ce faisant, on change de nature en passant de la tâche aux actions élémentaires, comme lorsqu'on passe de la molécule à l'atome. D'ailleurs on ne retiendra que les seules premières actions, voire la seule première action. Les autres actions, même si elles sont identifiées, resteront dans l'ombre. À quoi bon s'y intéresser et surcharger le débat si elles restent bloquées par la première ? Elles réapparaîtront naturellement suite à la réalisation de la première action bloquante.

C'est en identifiant et en réalisant des actions (A1 puis A2 puis A3) qu'on fait avancer la tâche T1

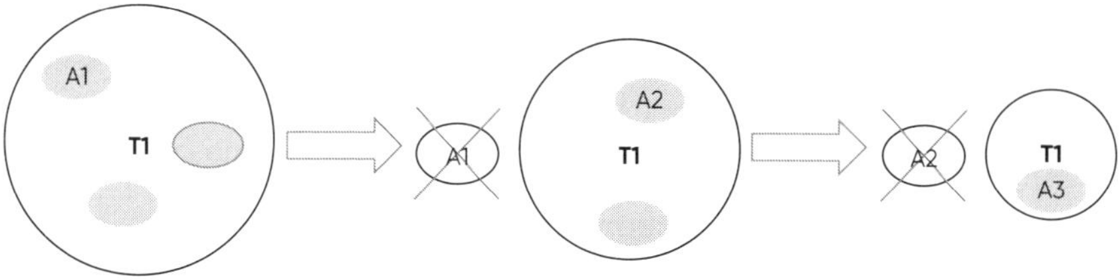

Tâche T1 avec 3 actions dont une seule identifiée A1

Sur le schéma ci-dessus, on ne s'intéresse pas à la tâche en elle-même, bien difficile à traiter et à saisir. On porte notre attention à l'intérieur de la tâche T1 où nous avons isolé des actions, comme à l'intérieur d'une molécule on peut isoler des atomes. Seule la première action A1 a été identifiée et a pu de ce fait être réalisée.

C'est ce que l'on voit en progressant vers la droite du schéma : le reste à faire de la tâche T1 est fortement réduit et fond comme neige au soleil à la suite de la réalisation de la première action A1, ce qui permet l'identification de l'action suivante A2. Bientôt la tâche sera complétement effectuée sans même y avoir pensé mais en étant resté focalisé sur les actions qui la composent.

On pourrait dire : **il suffit de s'occuper des actions pour ne jamais avoir à se préoccuper des tâches !**

La méthode TAF ne traite donc que des actions, mais lesquelles ? TAF travaille-t-elle sur des actions planifiées, programmées ou périodisées ? En fait, ce n'est sur aucun de ces trois types d'actions mais sur un quatrième : les actions priorisées, comme détaillé dans la partie suivante.

Principe 2 : la priorité plutôt que la charge

Comme dit précédemment, la plupart des méthodes de gestion du temps n'arrivent pas à s'éloigner totalement de la démarche de l'ingénieur occidental nourri par les théories des flux poussés* rigides : pour bâtir ma journée de travail je dois impérativement passer par le chiffrage des tâches puisque la somme des durées des tâches ne devra pas excéder ma durée de présence au bureau. C'est un leurre.

L'estimation d'une tâche prévisionnelle est impossible à faire, car la tâche – de par son ampleur et son flou – comporte une part trop importante d'inconnu. Vous allez forcément vous tromper dans un sens ou dans l'autre. L'expérience montre d'ailleurs que ce n'est pas toujours dans le sens de la sous-estimation de la tâche, bien au contraire. Vous avez si peu confiance en vous que souvent vous perdez votre objectivité et que vous allez grossir la difficulté d'une tâche.

Si donc vous démarrez votre journée avec un planning basé sur ces estimations tout est biaisé dès le départ et vous avez déjà perdu beaucoup de temps dans cette quête impossible de l'estimation de la durée des différentes tâches.

Et la situation ne va pas s'arranger par la suite car des aléas vont fatalement survenir : des tâches nouvelles, dont certaines seront urgentes, vont apparaître ou vous prendrez plus de temps pour réaliser une tâche planifiée. Je vous rappelle que le monde du travail moderne est maintenant appelé le VUCA* : *Volatility Uncertainty Complexity Ambiguity* (Volatilité Incertitude Complexité Ambigüité)

Face à ces aléas urgents vous ne saurez pas reconstruire votre programme de travail comme les méthodes de flux poussés rigides* ne savent pas intégrer les aléas de production pour recalculer tous les programmes de fabrication intermédiaires. Et puis la journée de travail ce n'est pas le moment de faire de l'ordonnancement de tâches ! La journée de travail – une fois lancée par une séance courte d'ordonnancement pur des actions comme nous le verrons dans le chapitre III – doit être essentiellement consacrée à l'action, à l'abattage des actions.

Il faut désormais raisonner en flux tirés flexibles*. Ils sont représentés par vos clients, internes ou externes, qui ont des priorités. Ce sont ces priorités que TAF gère. Les actions – seront classées par priorité, de 0 à 9. 0 représente les actions à réaliser en urgence, 1 les actions à réaliser dans la journée en priorité, 2 les actions à réaliser dans la journée, 3 les actions à réaliser dans la semaine, 4 les actions à réaliser dans le mois, 8 les actions à réaliser dans l'année, 9 les actions pour mémoire à réaliser un jour.

Les numéros de 5 à 7 peuvent être utilisés si on veut distinguer les mois successifs. Dans ce cas 5 voudra dire (M +1), 6 (M +2), 7 (M +3). Leur utilisation est quand même rare.

Il n'est pas utile de chiffrer la durée d'une action qui peut être très courte. Vous allez intuitivement constituer en début de journée votre programme quotidien en sélectionnant dix ou quinze actions, qui sont donc des actions de priorité 0, 1 ou 2. Très rapidement vous allez vous réguler grâce au bilan rapide que la méthode vous demande de faire sur votre journée de travail chaque soir, avant de quitter l'entreprise. Très vite vous ne vous tromperez plus de beaucoup sur la densité de votre programme du jour. Aucun chiffrage fastidieux n'est à mettre en œuvre puisque de toute façon ils sont toujours faux.

À la fin de la journée, vous vous apercevrez que vous avez respecté votre programme de travail entre soixante-dix et quatre-vingts pour cent environ, et même certaines journées à cent pour cent et vous en éprouverez une réelle satisfaction.

En cours de journée, vous pourrez intégrer sans problème vos aléas dans votre programme journalier d'actions priorisées, puisque vous n'aurez pas de re-calcul fastidieux de durée à réaliser, mais seulement un nouveau classement de vos priorités relatives.

Votre programme de la journée proposé par TAF et basé sur les priorités (des actions) est flexible, alors que tous les programmes habituels basés sur les charges (des tâches) sont rigides.

C'est ce que veut montrer le schéma ci-après.

D'une gestion impossible d'une pile de Tâches (avec charges) vers un écoulement fluide d'une file d'Actions (avec priorités)

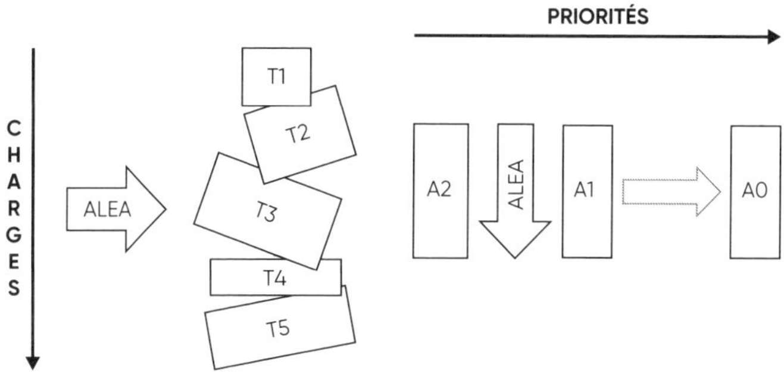

- À gauche vous avez une tentative de définir votre programme de la journée en considérant des tâches, dont on a évalué les charges de travail. Votre programme du jour consiste en une pile de tâches successives, dont la charge cumulée doit être compatible avec votre disponibilité du jour. Mais l'apparition d'un aléa urgent nécessite de nouveaux calculs de charges pour rebâtir un programme de travail dont la nouvelle charge est compatible avec la plage de disponibilité.

- À droite vous avez une proposition du programme de la journée en considérant cette fois des actions caractérisées seulement par des priorités relatives. Votre programme du jour consiste en une file d'actions classées par priorité. Un aléa urgent ne remet pas tout en cause : il va occasionner une (ou plusieurs) action(s) qui va (vont) prendre sa (leur) place dans la file des actions à faire. L'écoulement des actions ne sera pas perturbé et votre programme du jour sera mis à jour sans effort.

Principe 3 : l'information plutôt que la réalisation

Quand on est dans le système scolaire on est abreuvé de cours et de contrôles de connaissances. Une fois propulsé dans la vie active, déformé par ce moule académique exigeant, on aura tendance à viser la perfection, à discuter à l'infini pour une décimale, à ne répondre qu'une fois connue la totalité de la réponse au problème posé.

C'est une erreur profonde car je me suis aperçu que les clients qui demandent des réalisations sont satisfaits bien avant qu'on revienne vers eux avec des résultats complets. Je me suis rendu compte qu'ils étaient déjà rassurés lorsqu'ils peuvent constater que l'on est informé de leur demande, même si l'on n'a pas encore commencé à la traiter. En fait, la moitié du résultat – et même plus – est déjà réalisée… sans avoir rien fait !

C'est ce que présente le schéma ci-dessous : horizontalement on mesure le taux de réalisation et verticalement le taux de satisfaction du client, autrement dit la valeur perçue par le client.

Utiliser TAF permet d'asseoir sans effort son image

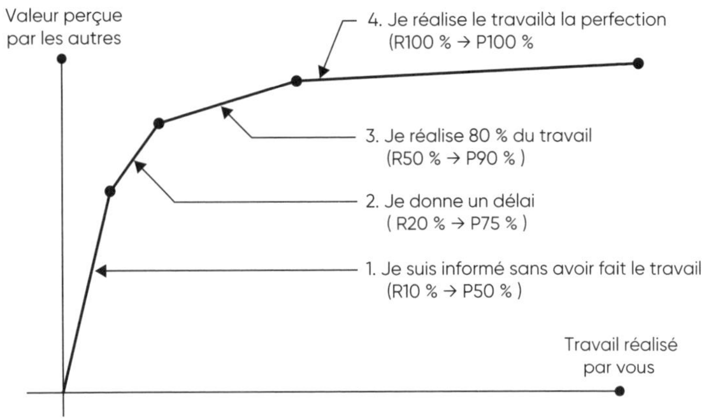

Dégagez-vous de votre propre perception (représentée sur le graphe en abscisse, c'est-à-dire le long de l'axe horizontal), proportionnelle au travail réalisé, et qui finalement n'intéresse personne. Privilégiez là encore la perception de votre client (représentée sur le graphe en ordonnée, c'est-à-dire le long de l'axe vertical), la seule valable pour votre image de marque.

Allons plus loin avec un exemple. Vous croisez dans une réunion ou dans un escalier un client qui vous a envoyé une demande la veille au soir. Inquiet, il se précipite sur vous pour renouveler sa demande. Il sera très surpris alors de voir que – grâce à votre utilisation de TAF – vous êtes déjà en mesure de reformuler sa demande, que ses termes ont parfaitement été assimilés. Évidemment, car le matin en traitant la totalité de vos mails vous avez pris connaissance de sa demande et vous l'avez intégré dans un TAF avec affectation d'une priorité. Pour votre client, la moitié du travail est faite.

Mais il sera encore plus étonné quand il s'apercevra que vous êtes déjà en mesure de lui donner un délai indicatif, en fonction de la position de cette action dans votre TAF, position que vous avez parfaitement mémorisée. Pour votre client, les trois-quarts de sa demande sont alors réalisés.

Vous n'avez encore rien fait à proprement parler mais ce qui compte c'est la perception de votre client qui a le sentiment que l'action est réalisée à 75 % !

L'information est donc un préalable primordial à l'action (on peut même dire que l'information fait partie de l'action, en est la partie la plus importante car la première, l'initiatrice).

Il faut donc être informé de tout. Ce serait une grave erreur de privilégier la réalisation d'une action particulière par rapport à l'information sur la totalité des actions. Et pourtant, en l'absence de TAF, c'est ce que font la plupart des gens, happés par le piège du passage à l'action.

Eh bien non, les deux aspects – information et réalisation – doivent être complétement déconnectés. On ne doit jamais commencer une première réalisation avant d'être informé de l'ensemble.

Or la méthode TAF vous permet d'être à tout moment informé de tout.

En fin de semaine, vous videz votre tête et tous vos systèmes de recueil d'information (mails, courrier, comptes rendus de projet, agenda) : toutes les actions à faire qui découlent de cette exploration doivent être listées dans votre tableau des actions à faire total.

Et, au cours de la semaine, toutes les nouvelles demandes générant des nouvelles actions doivent être intégrées au fil de l'eau à votre TAF, même si ce sont des actions qui s'effectueront dans plusieurs semaines.

Ainsi, êtes-vous toujours au courant de tout, vous n'oubliez rien, puisque même des actions long terme avec initialement une priorité faible ont été identifiées, inscrites. Elles vont progressivement remonter dans votre TAF en termes de priorités et finir par apparaître fatalement dans un programme du jour.

Vos interlocuteurs seront étonnés de votre mémoire et de votre fiabilité. Il est même possible que ce soit vous qui rappeliez à votre client la demande qu'il a faite il y a plusieurs semaines et qu'il a peut-être oubliée entre-temps !

Principe 4 : une base de travail plutôt que des mails

La méthode TAF n'aime pas les mails. Pourquoi ?

Le mail vous apporte souvent de l'information mais vous ne pouvez pas travailler avec, donc il vous faut le transformer. En effet, ceux que vous recevez sont le plus souvent inadaptés pour une action immédiate.

D'une part vous recevez beaucoup de mails en simple destinataire, c'est-à-dire que vous n'avez aucune action à réaliser suite à leur lecture. C'est simplement que l'auteur du mail veut se couvrir et arrose un maximum de personnes, dont vous-mêmes. L'accumulation de ces mails, dits « mails parapluies », finit par constituer un brouillard qui vous engloutit et vous empêche de distinguer ce que vous avez à entreprendre en priorité. Qu'entend-on par mails parapluies ? Ce sont des mails qui vous sont adressés alors que vous n'êtes concerné que de très loin par l'information contenue dans le mail.

Il faut donc analyser les mails au début de chaque journée et retranscrire l'information utile ou l'action nécessaire qu'ils contiennent dans votre base de travail. Puis il faut sortir les mails de votre boîte de réception en les archivant, voire en les supprimant.

Votre base de travail est composée en premier lieu de votre TAF – tableau des actions à faire. L'accompagnent votre agenda – électronique ou pas – votre bibliothèque électronique sur le disque dur de votre ordinateur et votre répertoire électronique.

Je travaille avec ma base de travail pas avec des mails

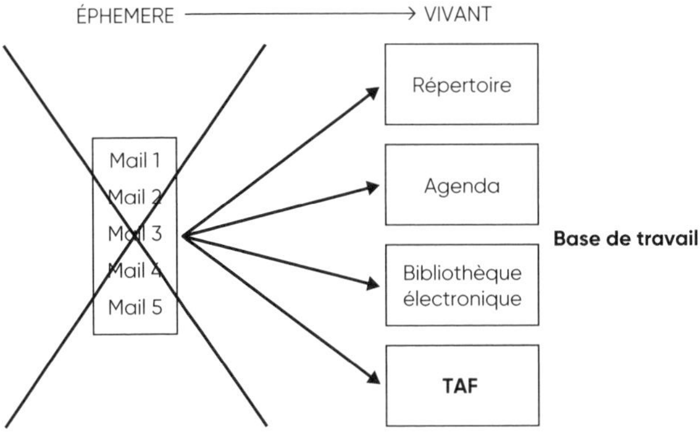

Une fois la transcription effectuée le mail doit sortir immédiatement de votre boîte de réception.

Il est très dangereux de garder des mails dans sa boîte de réception car ils encouragent la procrastination*. La plupart des gens les conservent plusieurs jours, ou pire les lisent plusieurs fois, ne se rendant pas compte que cela les empêche d'avoir les idées claires, de prendre des décisions et d'enclencher des actions. On a pu observer par différentes mesures qu'un même mail était lu cinq fois en moyenne, alors qu'avec TAF un mail ne sera lu qu'une et une seule fois.

D'autre part, ce qui ne marche pas non plus, c'est d'essayer de flaguer des mails pour les traiter ultérieurement. On tente ainsi de se servir de sa boîte de réception de mails comme d'un TAF. Mais cela n'a aucune chance de réussir pour deux raisons.

D'abord, le TAF doit contenir la totalité des actions à entreprendre. Or les mails n'en apportent qu'une partie seulement. D'autres actions à faire peuvent surgir via des conversations téléphoniques, du courrier papier, des réunions... Ce peut même être une idée survenue lorsque vous laissiez votre cerveau divaguer en roue libre pendant une sortie familiale en forêt le week-end.

Puis, nous l'avons déjà dit : la structure d'un mail n'est pas assez tournée vers l'action. Le mail est souvent informatif ou alors va être centré sur une tâche. Traité, il peut donner lieu à plusieurs actions de natures et de priorités différentes, qui ne doivent pas être rangées au même endroit dans le TAF. Non, décidément, le mail ne se prête pas à l'action priorisée : il doit donc être analysé pour en extraire information et action éventuelles qui viendront alimenter la base de travail puis il sera sorti immédiatement de la boîte de réception, la plupart du temps par archivage.

Quoi qu'il en soit, comme vous commencez chaque journée avec la lecture de vos mails, vous les analysez à fond pour alimenter votre base de travail et vous les sortez immédiatement de votre boîte de réception : **vous n'avez donc jamais de mail en retard de lecture**. Au maximum, votre boîte de réception contient les mails reçus dans la journée mais il est inutile de les regarder fréquemment en cours de journée, cette dernière étant consacrée exclusivement à la réalisation des actions. Il est en général suffisant d'en prendre connaissance le lendemain matin, l'envoi d'un mail ne constituant pas une urgence (ou alors il sera accompagné d'un coup de fil ou d'un contact physique).

Ce résultat est obtenu parce que vous séparez complétement les phases d'ordonnancement des actions des phases de réalisation de ces actions. La plupart des gens ont des montagnes de mails en retard car ils veulent faire les deux à la suite. À peine ont-ils pris connaissance d'un mail qu'ils veulent initialiser les actions suggérées par le mail mais ce faisant ils ne déroulent pas la totalité des mails, la réalisation des actions les ralentissant. Résultat, ils ne sont pas informés de toutes les demandes et ils stressent d'être en retard d'information par rapport aux collègues dans les différentes réunions.

Ou alors, et c'est bien pire, l'analyse des mails n'est pas complète, on se contente de le survoler et on le garde en attendant que les choses s'éclaircissent. Bref, on entretient un stock de mails qui sont autant d'hésitations malsaines. Progressivement ce stock vous ronge littéralement.

Dernier point essentiel : il faut résister à la tentation de répondre immédiatement à un mail qu'on vient de lire. Il faut obligatoirement passer par l'inscription d'une action dans le TAF à des fins de mémorisation.

Principe 5 : le focus TAF

Comme dit précédemment, la méthode TAF sépare totalement les phases d'ordonnancement des actions et les phases de réalisation de ces actions.

Elle comporte deux moments forts : la fin de semaine où l'ordonnancement est total sur un horizon long et le début de journée où l'ordonnancement est partiel avec un horizon qui se limite à la journée de travail, pour en définir l'ossature.

Une fois ce travail d'ordonnancement réalisé, vous devenez une machine à actions. Rien ne doit perturber votre cerveau, tout entier dirigé vers l'abattage des actions. Aucune question philosophique, aucun doute ne doit venir vous polluer. L'engagement de votre cerveau et sa concentration doivent être au maximum : la machine doit tourner à plein régime.

Or, c'est rarement ce qui se passe en l'absence de TAF. Vous participez à une réunion mais une partie de votre cerveau est ailleurs : il y a cette tâche qu'il ne faut absolument pas oublier, à faire impérativement aujourd'hui mais que vous ne pouvez pas faire sur l'instant puisque vous êtes en réunion. Alors on l'écrit sur un cahier, on rédige des post-it qui transforment votre ordinateur en un pittoresque arbre de Noël. Tous ces subterfuges ont une efficacité douteuse : vous tournez les pages de votre cahier et le rappel que vous avez inscrit disparaît englouti par des informations plus fraîches ; des post-it se décollent, glissent sous votre bureau et seront aspirés un soir au cours du ménage entrepris par la technicienne de surface.

Tous ces aide-mémoire maladroits n'auront plus de raison d'être avec TAF car le tableau des actions à faire, sera l'unique réceptacle de tout ce que vous avez à faire. Vous devez absolument traiter telle affaire avant de quitter l'entreprise ? Il suffit de l'inscrire dans votre TAF en priorité 0. L'essentiel est fait, car de toutes les façons vous verrez que la dernière opération à effectuer avant de quitter l'entreprise est justement un examen de votre TAF. Donc cette action urgente à faire ne saurait vous échapper.

Plus de post-it, plus de pages cornées dans l'agenda, plus de mentions surlignées, tout est centralisé dans le TAF !

Et quelle quiétude, une fois l'information déversée dans ce dernier : votre cerveau n'a été dérivé de sa mécanique d'action que de quelques secondes. Il est inutile de penser absolument à cette action par crainte de l'oublier, puisqu'elle est dans le TAF !

En fait, vous disposez maintenant de deux cerveaux ; le vôtre entièrement concentré sur l'action et le cerveau auxiliaire que constitue le TAF. Cela change la vie !

Principe 6 : une vue d'ensemble plutôt que du coup par coup

J'ai organisé des stages de formation autour de la méthode TAF. Pendant ces stages, je proposais l'expérience qui suit.

C'est maintenant à vous de la vivre : il s'agit de réaliser ce programme de travail le plus vite possible, c'est-à-dire en moins de deux minutes.

Test d'efficacité (1)

1	Vous avez deux minutes pour répondre aux questions de ce test
2	Lisez tout avant de commencer
3	Mettez votre nom sans le coin droit, en haut de la feuille
4	Faites l'opération 6 × 17 =
5	Signez de votre nom, dans le coin gauche, en bas de la feuille
6	Faites trois croix en haut à gauche
7	Entourez ces trois croix d'un seul cercle
8	Multipliez 7 × 13 =
9	Entourez ce résultat d'un cercle
10	Rayez le mot droit de l'inscription 3
11	Soulignez le mot gauche de l'inscription 5
12	Arrivé là, dites votre nom à haute voix
13	Entourez votre signature d'un cercle

Test d'efficacité (2)

14	En bas à droite, faites aussi un cercle
15	Arrivé là, dites : « Je respecte les instructions »
16	Entourez votre nom d'un rectangle
17	Enoncez à haute voix : « J'en suis à l'instruction 17 »
18	En bas à droite, faites un triangle dans un cercle
19	Entourez le chiffre 9 de l'inscription n° 9
20	Divisez 36 par 12 =
21	Annoncez : « C'est moi qui respecte le mieux les instructions »
22	Ne suivez que les instructions 2,3,22 et 23
23	Dès que vous avez terminé, retournez la feuille et notez au dos le temps que vous avez mis

Comment avez-vous vécu ce test ? Si vous avez dit tout haut : « je respecte les instructions » comme la plupart de mes stagiaires vous vous êtes fait gentiment piéger et justement… vous n'avez pas respecté les instructions.

En effet l'instruction 2 vous dit de tout lire avant de commencer et l'instruction 22 vous dit que les seules instructions à réaliser sont les instructions 2,3,22 et 23. Ce qui veut dire que vous n'aviez qu'à inscrire votre nom sur la feuille de papier, la retourner et noter le temps mis pour effectuer ces opérations.

Que signifie cette expérience ? Que l'on réalise très mal une action individuelle si on n'a pas une idée du global, si on est incapable de replacer cette action individuelle dans un ensemble.

Vous êtes en train d'effectuer une tâche mais si vous n'avez pas une vision globale de vos objectifs, cette tâche risque de vous épuiser comme le tailleur de pierre à qui on a demandé simplement de tailler des pierres sans lui dire à quoi cela allait servir.

Il vous faut avoir la vision globale sur l'activité, qui vous est demandée, pour être concentré, motivé et ardent comme le tailleur de pierre à qui on a expliqué qu'on était en train de bâtir une cathédrale et donc qu'on avait besoin de ses compétences en taillage de pierres.

Or, comme le montre le schéma suivant, avec la méthode TAF, vous aurez en permanence conscience de la totalité des actions à réaliser.

Toutes les actions, immédiates ou lointaines, sont dans le même onglet TAF

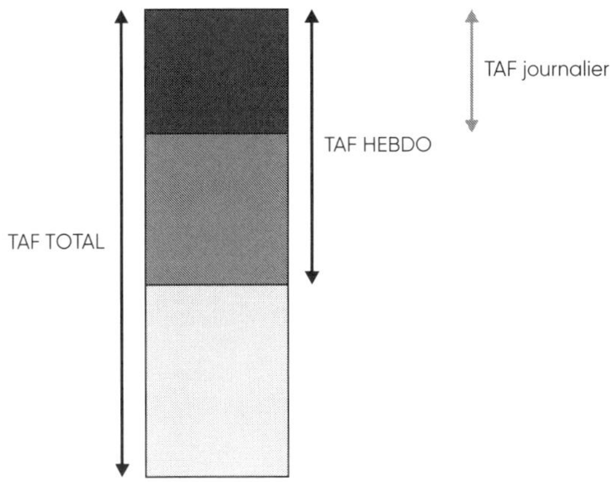

Puisque systématiquement, en fin de semaine, vous ferez un tour d'horizon complet des actions identifiées et vous leur affecterez une priorité, ce qui déterminera leur position, plus ou moins haute, dans le tableau TAF. Et ne croyez surtout pas que cela sera insurmontable ou fastidieux. Non, car cet exercice revenant toutes les fins de semaines et votre TAF continuant à vivre pendant la semaine, il s'agira seulement d'un contrôle, d'une vérification et surtout d'un réordonnancement des actions. Je prends ici le pari que vous y consacrerez moins de trente minutes chaque fin de semaine.

Ensuite, en cours de semaine, concentrez-vous sur les seules actions en haut et au milieu, c'est-à-dire sur le programme hebdomadaire (actions de priorité 0, 1, 2 et 3).

Enfin, en cours de journée, concentrerez-vous sur les seules actions en haut, c'est à dire sur le programme journalier (actions de priorité 0, 1 et 2).

Principe 7 : la rigueur d'un processus plutôt que des biais cognitifs* et des pilotes

En théorie, surtout en France depuis les écrits de Descartes et Pascal, nous nous voyons comme une espèce au sommet du règne animal, mue par la logique et le raisonnement.

Certes l'homme a fait un bout de chemin avec le développement inédit de son cerveau. Le cerveau reptilien, qui jouissait d'une espèce de monopole en dessous de la boîte crânienne a vu apparaître deux concurrents : le cerveau des émotions et le cerveau cognitif. Mais malgré leur présence, ces deux cerveaux n'ont pas toujours droit à la parole et c'est encore souvent le cerveau reptilien qui tire les ficelles de notre comportement. En particulier dans les relations humaines, où à chaque fois c'est différent, où à chaque fois il faut tout réinventer, dans les sciences dites molles (le terme anglais *soft* est plus joli) nous avons gardé nos racines animales, ce qui est tout à fait normal mais peut constituer un handicap.

Elles se manifestent par la subsistance de biais cognitifs*, expliqués entre autres par le professeur James Teboul, professeur émérite à l'INSEAD, dans l'ouvrage suivant : *Neuroleadership, le cerveau face à la décision et au changement* (Odile Jacob).

J'aime beaucoup l'image qu'il utilise. Regardez un gâteau : le nappage, le glaçage représente nos capacités de logique. C'est une couche pas très épaisse, facilement traversable et qui repose sur le biscuit, beaucoup plus conséquent, qui représente nos tendances animales et émotionnelles largement incontrôlables, à moins d'être enserrées dans un processus systématique.

Le professeur Teboul cite les sept biais cognitifs* principaux :

- La peur du changement.
- L'immédiateté.
- L'égocentrisme.
- Le goût de la hiérarchie.
- La facilité.
- Le conformisme.
- La similarité.

En l'absence d'une méthode globale comme TAF, ces 7 biais cognitifs prennent le dessus sur une approche rationnelle de votre organisation du temps.

Nous sommes donc les jouets des biais cognitifs*, dont nous prenons rarement conscience.

Vous conviendrez, je pense, que cela fait beaucoup et vous allez voir que ce n'est pas fini car voilà qu'arrive une nouvelle famille de faux amis : les pilotes*.

Les pilotes

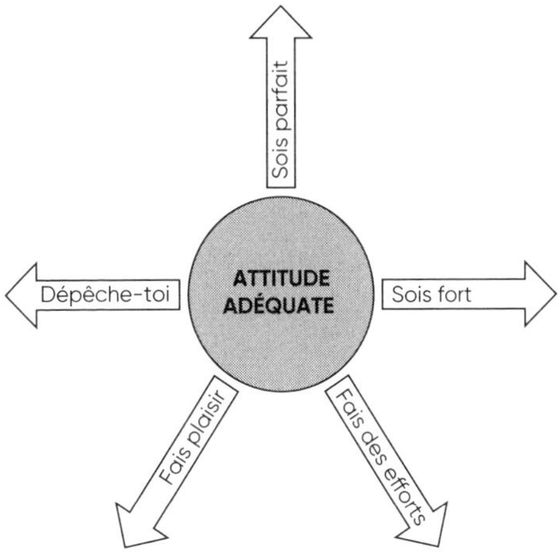

Les pilotes* (ou drivers*) sont à l'acquis ce que les biais cognitifs* sont à l'inné ! C'est la double peine pour le cerveau humain !

D'après le psychologue américain Taibi Kahler, exploitant les travaux d'Éric Berne, père de l'analyse transactionnelle, on dénombre cinq pilotes* principaux, fruits de l'éducation que nous avons reçue dans nos premières années :

- Sois parfait.
- Sois fort.
- Fais des efforts.
- Fais plaisir.
- Dépêche-toi.

Faites le test figurant ci-après qui vous apprendra quel est le pilote* auquel vous obéissez le plus, sans toujours vous en rendre compte.

R = Rarement Q = Quelquefois S = Souvent T = Toujours

Détermination des Pilotes (1)

Rep	Affirmation	R	Q	S	T
1	Quand je parle à un interlocuteur je souris				
2	Je remarque facilement les erreurs des autres				
3	Même agacé(e) ou en colère je me montre calme				
4	Je me dépêche toujours même si cela n'a pas vraiment d'importance				
5	J'éprouve des difficultés à terminer mes activités				
6	Quand la discussion tourne mal, je préfère me taire et attendre				
7	J'arrive très en avance pour être sûr(e) de ne pas être en retard				
8	Je n'aime pas montrer mes sentiments et mes faiblesses				
9	Quand j'attends, je fais les cent pas de long en large				
10	Je réalise après coup que je me suis rendu la tâche difficile				

Détermination des Pilotes (2)

Rep	Affirmation	R	Q	S	T
11	Avant de formuler une demande je dis des paroles aimables				
12	Je m'arrange pour que tout soit exactement juste et bien fini				
13	Je pense que dans la difficulté il faut savoir faire face et prendre sur soi				
14	Je marche vite, je parle vite et je mange vite				
15	J'aime les défis et les tâches laborieuses qui consomment mon énergie				
16	Entre mes priorités et celles des autres je donne systématiquement la place à celles des autres				
17	En général je considère que tous les détails sont importants				
18	Je me débrouille avec les mauvaises situations sans me plaindre				
19	Je tape des doigts, je remue les pieds, les genoux à l'occasion				
20	C'est quand les choses sont difficiles que je m'accroche même jusqu'à l'épuisement				

Le score sera de 0 si vous avez répondu R, de 1 si vous avez répondu Q, de 2 si vous avez répondu S et de 3 si vous avez répondu T.

Réponse au test de détermination des pilotes

Fais plaisir	Score	Sois parfait	Score	Sois fort	Score	Dépêche-toi	Score	Fais des efforts	Score
Q1		Q2		Q3		Q4		Q5	
Q6		Q7		Q8		Q9		Q10	
Q11		Q12		Q13		Q14		Q15	
Q16		Q17		Q18		Q19		Q20	
Total		Total		Total		Total		Total	

Un (ou plusieurs) pilotes* va (vont) apparaître sur la ligne Total avec des scores plus importants que les autres. Le pilote qui vous correspond le plus est celui qui possède le plus haut score.

Sois parfait

Vous considérez qu'avant de communiquer sur une action ou une tâche tout doit être maîtrisé dans ses moindres détails.

Mais avez-vous pensé aux autres personnes qui auraient pu démarrer leur travail ou leur réflexion, juste avec les premiers résultats de vos études ?

Ne pensez-vous pas qu'il serait profitable pour tout le monde de travailler non plus en série mais en parallèle, en temps masqué de façon à optimiser collectivement le délai.

Probablement aussi la délégation n'est pas naturelle pour vous, ni la prise de décision rapide. Un peu moins de perfectionnisme ne vous permettrait-il pas d'être moins submergé par le travail et de décider plus rapidement ?

Sois fort

Vous vous refusez probablement le moindre moment de faiblesse. Quand vous patinez sur une tâche, demander de l'aide ne vous est pas naturel.

Mais ne pensez-vous pas que, de plus en plus dans l'entreprise, on atteint les résultats en groupe, que le fait de demander des expertises ou de simples avis extérieurs permettrait de faire avancer plus vite vos réalisations ?

Fais des efforts

Vous accordez peu de temps à la réflexion, qui vous permettrait pourtant de partir dans la direction la plus économique en temps mais vous foncez tout de suite dans une réalisation, même si ce n'est pas la plus adéquate.

Ne pensez-vous pas que vous devriez mieux gérer vos forces en développant une réflexion qui va vous mettre sur des voies plus faciles pour obtenir le même résultat ?

Fais plaisir

Vous considérez que les besoins des autres sont plus importants que les vôtres ou ceux de votre service ou de votre entreprise. Vous avez du mal à maintenir un cap et changez souvent de priorités.

Ne pensez-vous pas que vous méritez un meilleur traitement de la part de vous-même ? Apprenez à prendre soin de vous !

Dépêche-toi

Vous considérez probablement que chaque moment de la journée doit être productif.

Mais ne pensez-vous pas qu'il faut aussi vous voter des plages de temps sans contrainte pour faire jaillir des idées innovantes ? Qu'il faut parfois laisser le temps au temps pour la maturation des idées ?

On voit qu'on est loin d'une gestion rigoureuse surtout si on n'a pas conscience de ses pilotes.

Mais l'utilisation de la méthode TAF diminue largement l'action néfaste des pilotes qui ne peuvent plus s'exprimer face au systématisme de TAF.

La figure ci-dessous vous montre qu'à des moments précis de la semaine (le vendredi après-midi) ou de la journée (début, en cours et fin) TAF vous demande de suivre des procédures précises : A (devenant E la deuxième semaine) B, C et D.

Les différents TAF de la semaine

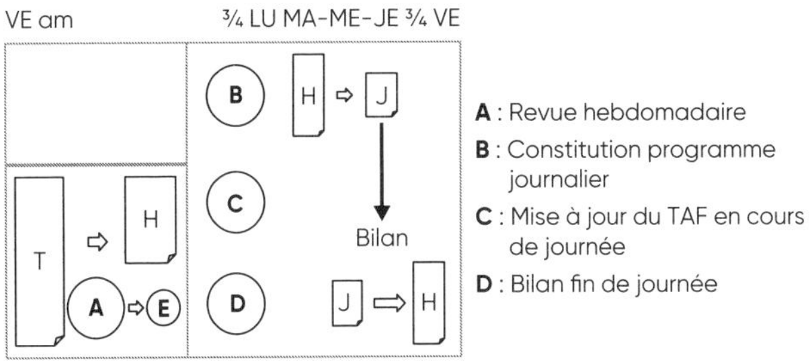

Ces procédures, qui seront décrites finement dans le chapitre III, réduisent les effets négatifs des biais cognitifs et des pilotes. Certes vous restez acteur mais dans un cadre précis.

Par exemple, si votre pilote* est « fais plaisir », vous résisterez grâce aux priorités affectées à chaque action dans votre TAF.

Si votre pilote est «Dépêche-toi» ou «Fais des efforts», TAF vous imposera de toute façon de décortiquer vos mails en actions simples puis vous imposera d'établir des priorités. Ces deux étapes du processus vous empêcheront de foncer tête baissée dans des réalisations inutiles.

Si votre pilote* est «Sois parfait» ou «Sois fort» TAF vous poussera à déléguer quand même, ce qui supprimera le principal effet négatif de ces pilotes*.

Principe 8 : la délégation à outrance

Information, communication, délégation et action

Comme le montre le schéma ci-après, il existe des liens très forts entre l'information, la communication, la délégation et l'action.

Le chemin est long de l'information à l'action, surtout celle des autres.

À chaque étape, vous pouvez avoir de la perte d'information. Heureusement déjà TAF vous assure dans la première phase de prise d'information une information complète. Vous pouvez donc passer à la deuxième phase : soit l'action directe (flux secondaire) soit la délégation en vue d'une action indirecte (flux principal).

Les deux flux – principal et secondaire, action indirecte et action directe – sont déséquilibrés. Pour un encadrant, le temps consacré auprès de ses collaborateurs au lancement ou au contrôle des actions indirectes (il délègue la tâche ou l'action à un collaborateur qui va la réaliser à sa place) est notablement plus important que le temps consacré à l'action directe (c'est lui qui réalise lui-même la tâche ou l'action). En effet, par la délégation l'encadrant à accès aux ressources importantes apportées par ses collaborateurs et bénéficie ainsi d'une espèce d'effet multiplicateur pour son activité.

Information, communication, délégation et action

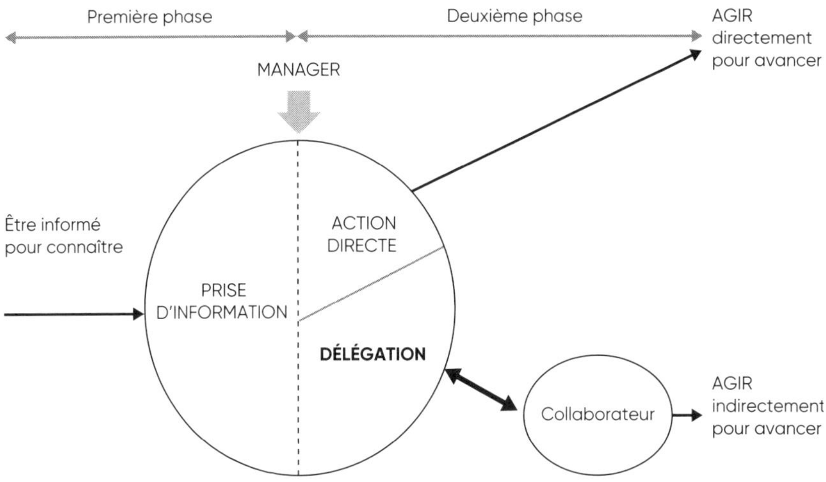

Il faut donc bien prendre conscience de l'importance de la délégation, un des principaux leviers de votre efficacité.

Pour ce faire, nous allons évoquer la théorie économique des avantages absolus d'Adam Smith exposée en 1776 dans son ouvrage *La richesse des nations* puis des avantages relatifs de David Ricardo exposé en 1817 dans son ouvrage *Principes de l'économie politique et de l'impôt.*

Dans un second temps, il faut voir comment organiser dans de bonnes conditions la délégation et là encore TAF vous sera d'une aide précieuse en s'appuyant sur la démarche DMAIC* (*Define Measure Analyse Improve Check* soit en français Définir-Mesurer-Analyser-Améliorer-Vérifier).

Adam Smith et les avantages absolus

Heures de travail nécessaires	1 Unité de Vin	1 Unité de Drap	Total
Angleterre	100	**60**	160
Portugal	**50**	80	130
Total	150	140	290

Le tableau reprend l'exemple historique d'Adam Smith, qui exprime de combien d'heures de travail chaque nation a besoin pour produire une unité de drap et une unité de vin.

On y lit que les Anglais sont plus doués pour la fabrication du drap (ils ne mettent que 60 heures là où les Portugais en mettent 80) et les Portugais sont plus doués pour la fabrication du vin (ils ne mettent que 50 heures là où les Anglais ont besoin de 100 heures). Au vu des différentes données, il paraît assez logique que les Portugais ont tout intérêt à délèguer leur fabrication de draps aux Anglais (en leur achetant) et que les Anglais ont tout intérêt à déléguer leur fabrication de vin aux Portugais (en leur achetant).

Ne nous noyons pas dans les calculs mais avec les mêmes ressources, si chacun ne s'adonne qu'à la production dans laquelle il est le meilleur, on pourrait montrer que la production initialement de quatre unités (une de vin et une de drap pour chacune des deux nations) va monter à 5,26 unités avec exactement les mêmes ressources en temps.

En tant que responsable, si vous savez qu'un de vos collaborateurs est plus efficace que vous sur une action, vous n'aurez pas trop de mal à lui déléguer cette action.

Mais il y a bien plus fort avec les avantages comparatifs, mis en lumière par David Ricardo quelques dizaines d'années plus tard. Cette fois, les Portugais sont plus doués sur les deux fabrications, le drap et le vin. On s'attend donc à ce que les Portugais fassent à la fois leur vin et leur drap et on ne voit pas très bien comment peuvent intervenir les Anglais.

Ricardo et les avantages comparatifs

Heures de travail nécessaires	1 Unité de Vin	1 Unité de Drap	Total
Angleterre	120	100	220
Portugal	**80**	**90**	170
Total	200	190	390

Ricardo a montré que les Portugais ont tout intérêt à se consacrer uniquement à la fabrication du vin et continuer à acheter du drap aux Anglais, qui sont pourtant moins performants qu'eux pour le fabriquer !

L'astuce est de privilégier la fabrication où l'avantage comparatif est maximum. Et là, il n'y a pas photo car sur le drap les Portugais ne sont que 10 % plus efficaces (besoin de 90 heures au lieu de 100 heures) alors que sur le vin ils sont 33 % plus efficaces (besoin de 80 heures au lieu de 120 heures).

Si on n'avait pas la volonté de vous épargner des calculs, on pourrait montrer que si les Portugais ne s'adonnent qu'à la production dans laquelle leur avantage comparatif est le meilleur, c'est-à-dire le vin, alors la production initialement de quatre unités (une de vin et une de drap pour chacune des deux nations) va monter à 4,325 unités avec exactement les mêmes ressources en temps.

Évidemment, les ouvrages des économistes historiques comme Adam Smith ou David Ricardo ne brillent pas particulièrement par leur clarté, alors pour saisir ce concept important considérez simplement l'exemple suivant (qui aura aussi l'avantage d'éviter les clichés sur les différentes nationalités).

Imaginez un avocat qui plaide à raison de 100 euros l'heure et qui, particulièrement doué au clavier, ne met qu'une heure pour taper sa plaidoirie. Il va quand même s'attacher les services d'une assistance payée 25 euros de l'heure, même si celle-ci, moins habile au clavier, met deux heures pour taper la même plaidoirie.

Pourquoi ? Parce qu'il va ainsi lui-même dégager une heure supplémentaire pour plaider et son gain pendant cette heure sera de 100 – 2*25 (coût de l'assistante) = 50 euros supplémentaires.

On retrouve la même idée : il faut se concentrer là où l'avantage comparatif est maximal et déléguer les autres tâches, **même si vous y êtes plus performants que vos délégataires**.

J'ai mis du temps à l'admettre mais cela veut dire que si vous êtes animateur d'équipe et qu'un de vos collaborateurs sait faire la même action que vous en plus de temps vous devez quand même lui déléguer cette action. Car de ce fait, vous vous dégagez du temps pour des activités que vous seul pouvez exercer en tant qu'animateur d'équipe : la prévision, la stratégie, la vision, le management de votre équipe.

Admettre ce principe – confier l'action à un collaborateur qui travaille moins vite que vous – n'est pas naturel. Mais sachez qu'une fois ce principe admis vous allez gagner un temps non négligeable et TAF vous sera d'une aide précieuse pour passer ce cap puisque la question de la possibilité de la délégation est posée systématiquement au moment de l'identification et de la priorisation de chaque action.

La gestion de la délégation dans TAF

Il faut donc déléguer le plus possible mais pas n'importe comment et là encore TAF va vous aider en vous donnant les clés d'une bonne délégation.

Car cette dernière n'est pas synonyme de démission ou d'oubli. Même si vous déléguez, vous avez des actions précises à inscrire dans votre TAF. Ce sont dans ce cas des actions de suivi du travail du délégataire mais vous les traiterez exactement comme les actions que vous avez à faire vous-même.

On retrouve en arrière-plan du processus de délégation la trame DMAIC*.

La DMAIC est une méthode d'approche des problèmes s'inscrivant dans la mouvance de la philosophie PDCA* (*Plan Do Check Act* soit Planifier-Faire-Vérifier-Réagir). Mais la DMAIC*, vulgarisée par General Electric aux USA, est plus élaborée, plus opérative que le PDCA*, car elle a le mérite de décomposer les deux premières phases, celle du *Plan* et celle du *Do*. Le *Plan* (Planifier) et le *Do* (Faire) sont remplacés avantageusement par le *Define* (Définir), le *Measure* (Mesurer), l'*Analyse* (Analyser) et *l'Improve* (Améliorer). On retrouve ensuite le *Check* (Vérifier).

Du PDCA au DMAIC

D	M	A	I	C
DEFINE	*MEASURE*	*ANALYSE*	*IMPROVE*	*CHECK*
Définir	Mesurer	Analyser	Améliorer	Vérifier

Appliquons le découpage DMAIC à une action déléguée.

On voit quels sont les points de rencontre nécessaires entre le délégant et le délégataire si on souhaite déléguer. On les appelle des validations.

Méthode de délégation à 3 points de validation

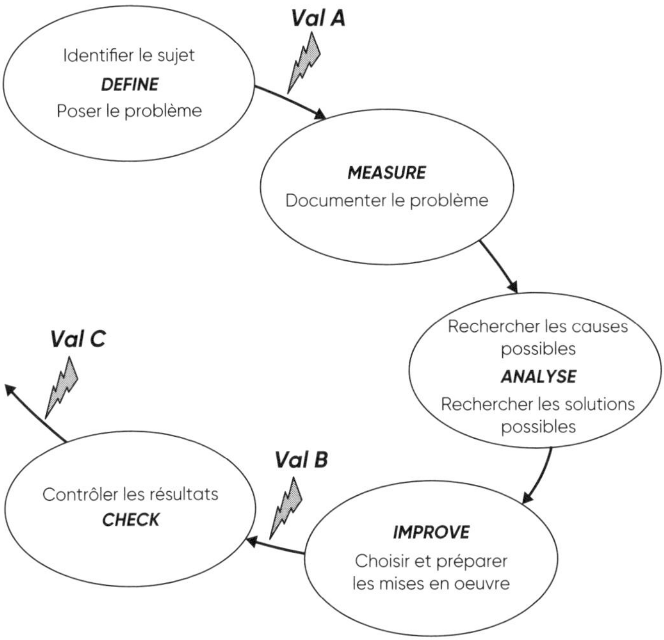

Il y a trois validations :

1. La Val(idation) A juste après la phase *Define* (Définir).
2. La Val(idation) B juste après la phase *Improve* (Améliorer).
3. La Val(idation) C juste après la phase *Check* (Vérifier).

Prenons un exemple de la vie courante pour mieux prendre conscience de ces trois rendez-vous : vous voulez moderniser votre cuisine. À moins d'être un bricoleur de génie, vous allez faire appel à un professionnel. Dans le dialogue avec ce professionnel on retrouve les trois rendez-vous : Val A, Val B et Val C.

- Val A : vous expliquez au cuisiniste ce que vous souhaitez comme nouveautés.
- Val B : le cuisiniste revient après avoir travaillé et vous présente sur papier ou numériquement un projet. Vous le validez ou apportez des corrections mineures.
- Val C : le cuisiniste a monté la nouvelle cuisine. Vous venez voir si la réalité correspond bien avec ce que vous aviez demandé

Dès que vous pensez à déléguer une action, vous remplirez sur la ligne de l'action figurant dans le TAF la zone Del (Délégable ?) avec 1, la zone Qui ?

avec les initiales du délégataire et la zone Val (Validation) avec A. Le tout avec, comme d'habitude, une priorité, selon que vous pensez pouvoir avoir votre premier contact avec votre délégataire rapidement ou pas.

Ensuite, vous aborderez cette action de délégation comme toute autre action.

C'est sans doute le premier contact, c'est-à-dire le passage de témoin qui est le plus important et qui est un gage de succès de l'opération toute entière. Il faut y apporter un soin extrême et c'est loin d'être du temps perdu. En effet, le fait de devoir expliquer à un tiers vous oblige à clarifier vos idées, à choisir les bons mots. Il arrive souvent aussi que le délégataire réagisse et par ses demandes de précision enrichisse votre réflexion sur le problème en question.

Pour être sûr de ne rien oublier, vous pouvez vous appuyer sur une fiche poser le problème* (FPP), succession d'items (contexte, objectifs, enjeux, temps alloué, interlocuteurs, pistes possibles, budget, délai, livrables…) devant être abordés entre le délégant et le délégataire.

Pensez à l'exemple de la nouvelle cuisine. Des idées nouvelles vont probablement apparaître juste en échangeant avec le professionnel lors de la phase de validation A.

Dès que le passage de consignes a été passé, vous mettrez en italique l'action de délégation notée Val A qui figure dans votre TAF (elle sera supprimée le soir même) et vous insérerez immédiatement une action de revoyure notée Val B, probablement en priorité 3 ou 4, selon le temps d'étude nécessaire.

Cette action de revoyure, notée Val B sera consacrée à l'examen des solutions trouvées par le délégataire avant mise en application.

Pensez au cuisiniste qui revient avec un plan précis, conformément à vos attentes.

Immédiatement après cette action, vous passerez en italique l'action de délégation notée Val B qui figure alors dans votre TAF (elle sera supprimée le soir même) et vous insérerez immédiatement une action finale de revoyure notée Val C, probablement de priorité 3, 4 ou 5, selon le temps de réalisation nécessaire.

Cette action de revoyure, notée Val C, permettra de débattre ensemble des résultats de l'application des solutions.

Pensez au moment où votre cuisine a été montée et où vous vérifiez que cela a été fait conformément à vos attentes.

Dans certains cas simples de délégation, lorsque l'on n'est pas en présence d'une problématique nécessitant une réflexion pour dégager des pistes de solutions mais d'une simple exécution de tâches, l'étape B est inutile et on enchaînera tout de suite l'étape C après l'étape A.

Principe 9 : le Kanban*

J'ai retardé le plus possible l'allusion à la méthode KANBAN* car seuls des spécialistes industriels peuvent réellement en saisir tout l'intérêt. Mais je ne pouvais pas non plus passer totalement sous silence cette méthode car elle m'a réellement inspiré pour bâtir TAF.

Il n'est pas nécessaire de la décrire ici mais il est bon d'exposer certains de ses principes, car on a retenu les mêmes dans TAF.

KANBAN* est une méthode de flux tirés* (flexibles) qui s'oppose aux méthodes traditionnelles de flux poussés* (rigides).

Quelle est donc la différence entre une méthode de flux poussés (forcément rigides) et une méthode de flux tirés (forcément flexibles) ?

Différence entre flux poussés rigides et flux tirés flexibles

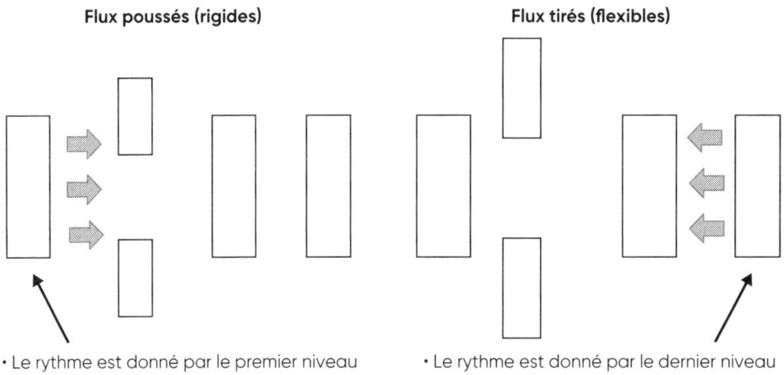

La figure ci-dessus répond à la question. Vous avez à gauche comme à droite le même atelier avec des pièces progressant de gauche à droite. Il est nécessaire de passer par quatre niveaux de chaîne pour obtenir le produit fini en partant de la matière première. Au fur et à mesure que l'on progresse dans les niveaux, on obtient des modules qui vont encore s'enrichir au niveau suivant par l'adjonction de composants supplèmentaires jusqu'à obtenir le produit fini en sortie de niveau 4 (par exemple un moteur automobile). Il est nécessaire de réguler tous ces flux entre les différents niveaux de chaîne et deux méthodes existent à cette fin.

- À gauche, on a choisi une méthode de flux poussés, ce qui veut dire que c'est l'atelier de niveau 1 qui déclenche les hostilités en début de semaine en envoyant des programmes de productions intermédiaires aux chaînes aval de niveau 2, 3 et 4. Les quantités de ces programmes sont calculés en tenant compte des prévisions de ventes et des capacités de fabrication de chaque niveau. Les produits s'écoulent tant bien que mal entre les différents niveaux à cause d'incidents inévitables (pannes, grèves, modification des prévisions de vente) et il s'avèrera trop compliqué de relancer les calculs avec les nouvelles informations pour adapter les programmes des différents niveaux. Il y a donc immanquablement formation de stock et apparition de goulets d'étranglement.
- À droite, on a choisi au contraire une méthode des flux tirés, ce qui veut dire que c'est l'atelier de niveau 4 qui déclenche les hostilités et réclame en temps réel des productions intermédiaires aux chaînes amont de niveau 3 en fonction de ce qu'il peut réellement absorber. Les chaînes de niveau 3 feront de même vis-à-vis des chaînes de niveau 2 et ainsi de suite. Chaque niveau réclame juste les quantités qui lui sont nécessaires et pas plus. Cette méthode tient donc compte naturellement des incidents inévitables qui vont surgir (pannes, grèves, modifications des prévisions de vente…). En conséquence, pas de goulet d'étranglement, ni de stock.

La supériorité des méthodes de flux tirés flexibles est évidente. En effet à quoi bon, comme dans la méthode des flux poussés, fabriquer des éléments basés sur la foi de prévisions de vente toujours fausses si ceux-ci ne peuvent être absorbés par les ateliers aval mais s'accumulent vainement et dangereusement devant les machines suivantes ?

L'intelligence des méthodes de flux tirés flexibles basée sur les commandes réelles des clients m'a toujours séduite et j'ai voulu la transposer au niveau des programmes individuels de travail, en substituant aux complexes calculs de charges réalisables une fois par jour au maximum et quasiment non ajustable face à des aléas, les priorités des actions à entreprendre représentant les attentes des clients.

Vouloir planifier sa journée à coups d'évaluations de charge des différentes tâches c'est raisonner en flux poussés ; retenir comme seul critère la priorité relative d'une action c'est raisonner en flux tirés.

Se demander sans cesse si le programme de travail tient dans la journée c'est raisonner en flux poussés ; traiter les actions les unes après les autres en fonction des priorités du client sans se soucier de savoir quel jour elles vont être réellement traitées, c'est raisonner en flux tirés.

Être autocentré c'est raisonner en flux poussés ; penser au client (externe ou interne) c'est raisonner en flux tirés.

CHAPITRE 3

Mettre en pratique la methode TAF

Dans le chapitre précédent vous vous êtes imprégnés des principes de la méthode TAF.

Vous avez de ce fait réalisé une bonne partie de votre apprentissage car maintenant convaincus du bien-fondé de ces principes, le passage à la pratique va vous paraître facile, presque naturel.

Deux remarques préliminaires sont nécessaires.

L'option choisie ici est de tout décrire, de tout décomposer. Cela peut conduire à donner une impression de complexité. Dans les faits ce n'est absolument pas le cas : les opérations nécessaires sur le TAF sont limitées et simples.

Il y a quand même une certaine latitude par rapport aux indications données. Vous pouvez dans certains cas vous écarter des préconisations qui sont faites et adopter des pratiques qui vous parlent plus, le tout étant de garder l'esprit TAF.

Préalable de la méthode TAF : l'organisation de vos fichiers électroniques

La base de travail

Je vous rappelle que votre base vivante de travail est composée de votre agenda, de votre répertoire, de votre bibliothèque électronique (ensemble des fichiers stockés sur votre disque dur) et surtout de votre TAF, tableau des actions à faire, véritable pièce centrale de la méthode et qui a d'ailleurs donné son nom à la méthode.

Seul l'agenda peut éventuellement être papier. Bien sûr, il existe des agendas électroniques mais ils n'ont pas vraiment démontré leur supériorité absolue. Le tout est de choisir le type d'agenda qui vous convient le mieux.

Les trois autres documents sont électroniques via un tableur.

Le choix du tableur

Quel tableur est-il donc requis ?

Si vous n'êtes pas déjà en possession d'un tableur type Excel, il suffit de charger à partir d'Internet un tableur gratuit, comme LibreOfficeCalc (ou Nums dans le monde Mac).

À cette fin, vous allez taper Libre Office sur votre navigateur pour que le chargement de LibreOffice vous soit proposé gratuitement.

Aller chercher Libre Office sur Internet

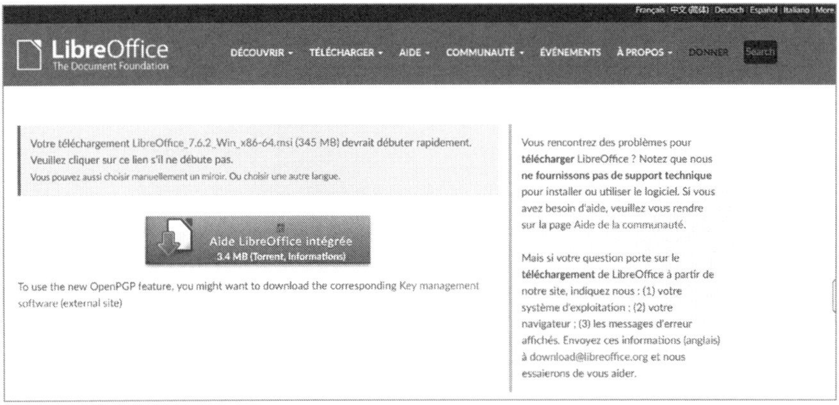

Vous suivez ensuite les différentes indications pour procéder au chargement du logiciel sur votre ordinateur (ou sur votre téléphone pour les plus digitalisés d'entre vous).

Il vous suffit ensuite d'aller rechercher LibreOfficeCalc dans la liste des programmes à votre disposition et de définir les fichiers dont vous allez avoir besoin : votre répertoire, votre arborescence de documentation (pour votre bibliothèque électronique), votre TAF.

Aller chercher Libre Office Calc parmi les programmes proposés

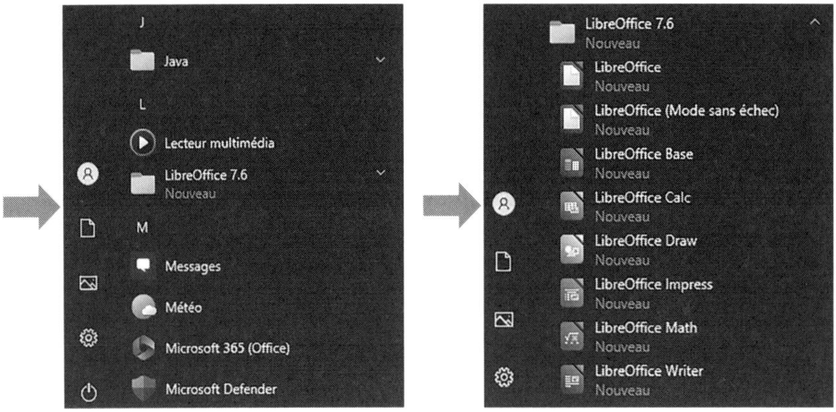

L'exemple présenté ci-dessous représente la création de votre TAF :

Création du TAF sous Libre Office Calc

	A	B	C	D	E	F	G	H
1	Rep	Actions	Dél ?	Qui ?	Val	Priorité	Date Limite	Client
2								
3								
4								
5								
6								
7								

Dans la suite du chapitre toutes les captures d'écran présentées sont issues d'Excel, puisque c'est le tableur dont je dispose, mais si vous disposez d'un autre tableur, comme Libre Office Calc, vous ne serez pas dépaysé. Tous les tableurs présentent les mêmes fonctions et le même format qu'Excel.

Les fichiers annexes

Le répertoire est d'une grande simplicité. Un exemple est quand même fourni ci-après. Ce n'est qu'un exemple et vous pouvez vous en éloigner si vous le souhaitez ou, pour obtenir le même résultat, utiliser de petites applications informatiques ou utiliser les contacts de votre téléphone portable.

Exemple de répertoire téléphonique

Nom	Prénom	Portable	e-mail	Fixe	Société	Adresse
GAGARENNE	Julie	625587138	jgargarenne@lecnam.net		CNAM NAO	2 rue Marc Sangnier 33130 BEGLES
JECHAUD	Patrick	06 74 91 67 34	pjechaud@safrangroup.com		Safran	rue Maryse Bastié 86100 CHATELLERAULT
KLEIN	Bernadette	07 49 93 23 87	BKKLEIN@dunod.com		Dunod	11 rue Paul Bert 92240 MALAKOFF

Plus intéressant déjà est le fichier d'arborescence de votre bibliothèque électronique.

Le volume de cette bibliothèque électronique est très important : comptes-rendus, ordres du jour, notes, formulaires, e-mails… Comment s'y retrouver facilement, comment remettre la main facilement sur un document stocké il y a des mois ? Pour cela, il faut mettre en place une arborescence logique.

La méthode TAF considère que le premier niveau d'arborescence doit être le thème (ou dossier), et non pas des dates ou des interlocuteurs.

Imaginons en effet un formateur travaillant chaque année pour différents organismes d'enseignement supérieur pour lesquels il assure divers cours. Va-t-il classer ses présentations par année, par client ou par thème ? Il le fera par thème, car entre deux formations sur le même thème assurées pour deux clients différents, il y aura certes des spécificités mais surtout de fortes ressemblances ! Si par exemple le formateur trouve soudain une façon plus facile d'expliquer un concept donné, il voudra répercuter cette nouvelle façon sur toutes les présentations traitant de la même matière et ceci quel que soit le client ou l'année.

Le regroupement majeur par thème (ou dossier) est donc le plus efficace pour les adeptes de la méthode TAF.

Il est généralement suivi d'un deuxième découpage en thèmes secondaires ou sous thèmes (ou sous dossier).

Ce n'est qu'ensuite qu'on pourra voir apparaître des notions de temps ou de clients avec des regroupements comme Cycle Budget 2023 ou Relations client X.

Exemple arborescence pour bibliothèque électronique

A	B	C	D
Rep	**Dossiers**	**Num.**	**Sous Dossier**
A	PREVISONNEL	1	Réflexion stratégique
A	PREVISONNEL	2	Plan LMT
A	PREVISONNEL	3	Budget
B	PRIX DE REVIENT	1	Chiffrages
B	PRIX DE REVIENT	2	Prix de revient
C	INVESTISSEMENTS	1	Comités
C	INVESTISSEMENTS	2	Dossiers
D	CDEGESTION	1	Résultats
D	CDEGESTION	2	Animation
D	CDEGESTION	4	Tableaux de bord
E	FINANCES	1	Analyse fimancière
E	FINANCES	2	Banques
F	FINANCES	3	Fisc
G	EQUIPE	1	Formation
G	EQUIPE	2	Entretiens individuels
G	EQUIPE	3	Recrutement

Voici un exemple du fichier d'arborescence de la bibliothèque électronique.

- Rep (ère) (Col A) est une lettre de l'alphabet.
- Dossiers (Col B) est le titre principal, le titre du dossier (ou thème principal).
- Num (éro) (Col C) est un numéro cardinal.
- Sous dossier (Col D) est le sous-thème (ou thème secondaire).

L'organisation de la bibliothèque électronique ne pose donc aucune difficulté. Comme dit précédemment, il peut encore y avoir à l'intérieur des sous dossiers des éclatements, souvent avec une notion d'interlocuteur ou de périodicité.

Ne nous leurrons pas : il vous restera des dossiers papier, même si vous souhaitez les éviter, car vous n'êtes pas à l'origine de toute votre documentation. Vous pouvez par exemple recevoir des contrats envoyés par des clients extérieurs. Le plus pratique est de classer cette documentation papier résiduelle, dans des dossiers suspendus selon la même répartition que les dossiers électroniques de votre bibliothèque électronique. Les dossiers donneront lieu à des chemises cartonnées, les sous dossiers à des chemises papier, à l'intérieur des chemises cartonnées. Dans la plupart des cas un seul meuble de rangement, proche du bureau, suffira.

Cette répartition à deux niveaux (dossiers / sous dossiers – thèmes principaux / thèmes secondaires) doit être imprimée et visible par tous sous une pochette plastique. Elle est à la disposition de votre assistante (si vous en avez une) et de vos collaborateurs, qui pourront retrouver un dossier papier ou même électronique facilement si vous êtes en déplacement ou indisponible.

Le fichier principal : le TAF

Présentation générale du TAF

Nous arrivons maintenant au fichier le plus important : le TAF, tableau des actions à faire.

Contrairement aux fichiers précédents qui sont très stables, le TAF sera en évolution constante en ce qui concerne son contenu.

Comme présenté en partie II, le tableau des actions à faire est un tableau à géométrie variable, plus ou moins large selon que votre gestion du temps est simplifiée ou complète, plus ou moins haut selon que vous vous intéressez au programme du jour, de la semaine ou au programme total.

Le TAF est à géométrie variable

Nu	Actions	Prioritè	Date limite
1	faire synthèse Loeillet persp XXX	0	
2	relancer l'enquête miroir	1	
3	rentrer codes méthodes dans Shawware	1	
4	faire suivi du plan PAP	1	
5	lancer étude Quikore	1	
6	contacter LA pour augm. Préusinage F4R	1	
7	répondre à Charles sur Pierard	2	05/07/2023
8	tél Lebeau pour couverture aluminium	2	

Nous allons d'abord présenter la forme la plus complète, la plus aboutie en sachant que vous pourrez toujours masquer des colonnes si vous voulez utiliser la méthode TAF de façon simplifiée et ainsi manipuler des TAF plus concises et plus simples. C'est à vous de déterminer la structure qui vous convient le mieux.

À des fins de qualité des captures d'écran, nous allons présenter des TAF avec un minimum d'actions répertoriées, probablement moins qu'en réalité, mais ce qui est important dans un premier temps c'est la compréhension des différentes colonnes et non pas le nombre de lignes.

Exemple TAF total

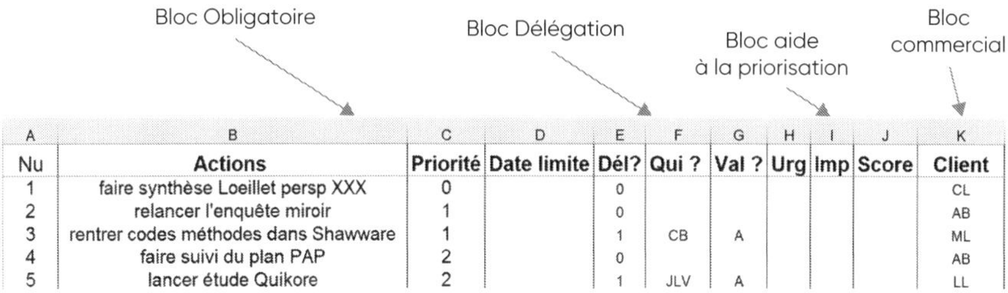

A	B	C	D	E	F	G	H	I	J	K
Nu	Actions	Priorité	Date limite	Dél?	Qui ?	Val ?	Urg	Imp	Score	Client
1	faire synthèse Loeillet persp XXX	0		0						CL
2	relancer l'enquête miroir	1		0						AB
3	rentrer codes méthodes dans Shawware	1		1	CB	A				ML
4	faire suivi du plan PAP	2		0						AB
5	lancer étude Quikore	2		1	JLV	A				LL

Il y a au total 11 zones possibles (colonnes de A à K) réparties en 4 blocs : obligatoire, délégation, aide à la priorisation et commercial.

Le bloc obligatoire

- **Nu (méro) (colonne A)** est un simple repère numérique. Il sera obtenu automatiquement par descente de la souris au moment où les priorités sont remplies, où les actions ont été triées par priorité et où les deux premières actions se sont vues attribuer les numéros 1 et 2.
- **Actions (colonne B)** est le libellé de l'action à remplir obligatoirement. Il commencera forcément par un verbe et cela doit être simple : *faire, rédiger, téléphoner, fixer, préparer, mettre au propre, envoyer, lancer, lire, diffuser, relancer* sont les verbes d'actions qui reviennent le plus souvent en tête du libellé des actions, tout au moins pour les actions de priorité 0,1,2,3 et 4.

Par contre, comme les autres lignes (priorités 5,6,7,8 ou 9) sont en général juste là pour mémoire (le TAF sert aussi de pense-bête) et pas pour action immédiate, leur libellé peut rester sous forme de tâches puisqu'on aura bien le temps de les transformer en actions lorsque l'échéance se rapprochera. Par exemple on pourra trouver en 5 (mois M + 1) : *recrutement d'un adjoint,* tâche relativement lointaine qui se transformera un jour en une action de priorité 0,1,2,3 ou 4 du genre : *définir profil pour embauche adjoint par DRH.*

- **Priorité (colonne C) :** nombre entre 0 et 9, représentatif de la priorité de l'action.
  - 0 représente la priorité absolue. Les actions correspondantes sont à engager immédiatement, sans se poser de questions.
  - 1 représente les actions à faire prioritairement dans la journée.
  - 2 représente les actions à faire dans la journée.
  - 3 représente les actions à faire dans la semaine à partir du lendemain.
  - 4 représente les actions à faire dans le mois à partir de la semaine prochaine.
  - 5, 6, 7 peuvent être utilisées pour planifier des actions sur les mois (M + 1), (M + 2), (M + 3) et (M + 4).
  - 8 représente les actions à faire dans l'année à partir du mois prochain.
  - 9 représente les actions (ou tâches) à faire un jour.

Cette zone sert de critère majeur de tri.

- **Date limite (colonne D)** : zone complémentaire qui n'est remplie qu'éventuellement. Elle permet de rentrer des deadlines éventuelles. Elle sert de critère secondaire de tri, ce qui veut dire que, pour une priorité donnée, les actions avec une date limite arriveront en tête.

Vous pouvez vous contenter de travailler avec ce seul bloc obligatoire. Dans ce cas, vous travaillerez avec la forme la plus simple de TAF représentée ci-dessous.

Exemple de TAF simple

Nu	Actions	Priorité	Date limite
1	faire synthèse Loeillet persp XXX	0	
2	relancer l'enquête miroir	1	
3	rentrer codes méthodes dans Shawware	1	
4	faire suivi du plan PAP	1	
5	lancer étude Quikore	1	
6	contacter LA pour augm. Préusinage F4R	1	
7	répondre à Charles sur Pierard	2	05/07/2023
8	tél Lebeau pour couverture aluminium	2	

Mais vous pouvez aussi utiliser en plus du bloc obligatoire un, deux ou trois des blocs suivants.

Le bloc délégation

3 zones, présentes ou non, remplies ou non, sont liées à la délégation des actions.

- **Del (éguée) (colonne E)** : 0 si vous réalisez vous-même l'action 1 si vous la déléguez.
- **Qui ? (colonne F)** : permet de rentrer les initiales de la personne à qui vous déléguez.
- **Val (idation) (colonne G)** : permet de préciser l'étape de la délégation, tel que nous l'avons vu au chapitre II. La phase A est le passage d'information initial ; la phase B est la validation des propositions retour du délégataire ; la phase C représente le constat conjoint sur le terrain des solutions mises en œuvre. La validation B n'est présente que s'il y a une problématique à régler avec des solutions à définir. Pour les simples tâches d'exécution déléguées on passera directement de la phase A (explication du travail délégué) à la phase C (contrôle du travail).

Ce bloc de 3 colonnes n'est pas vraiment obligatoire mais nous ne saurions trop vous conseiller de le mettre en place très rapidement après votre démarrage de la méthode, pour vous habituer au réflexe de la délégation, qui n'a rien de naturel et doit donc être guidé.

Certains se sentiront plus à l'aise en plaçant le bloc Délégation juste après le libellé de l'action. Ce faisant, le bloc délégation précédera la priorité et la date limite. Les 3 zones – Dél ?, Qui ? et Val ? – passent dans les colonnes C, D et E alors que les zones Priorité et Date limite reculent dans les colonnes F et G.

Glissement bloc délégation

A	B	C	D	E	F	G	H	I	J	K
Nu	Actions	Dél?	Qui ?	Val ?	Priorité	Date limite	Urg	Imp	Score	Client
1	faire synthèse Loeillet persp XXX	0			0					CL
2	relancer l'enquête miroir	0			1					AB
3	rentrer codes méthodes dans Shawware	1	CB	A	1					ML
4	faire suivi du plan PAP	0			2					AB
5	lancer étude Quikore	1	JLV	A	2					LL
6	contacter LA pour augm. Préusinage F4R	0			1					RD
7	répondre à Charles sur Pierard	0			2	05/07/2023				MJ
8	tél Lebeau pour couverture aluminium	0			2					MU

C'est l'option que nous prendrons pour la suite des visualisations écran.

Dans le cas où vous êtes en bout de chaîne, c'est-à-dire qu'il vous est impossible de déléguer à quelqu'un (vous vous retournez et vous ne voyez personne si ce n'est le mur auquel vous êtes donc acculé), vous pourrez utiliser la méthode en masquant (et non pas en supprimant) ces 3 colonnes.

À cette fin, vous sélectionnez les colonnes E, F et G puis vous faites clic droit pour voir apparaître dans un menu de fonctions proposées la fonction « Masquer », que vous activez.

Vous travaillerez alors avec le TAF suivant, un peu moins développé mais tout aussi efficace.

TAF sans partie Délégation

A	B	F	G	H	I	J	K
Nu	Actions	Prioritè	Date limite	Urg	Imp	Score	Client
1	faire synthèse Loeillet persp XXX	0					CL
2	relancer l'enquête miroir	1					AB
3	rentrer codes méthodes dans Shawware	1					ML
4	faire suivi du plan PAP	1					AB
5	lancer étude Quikore	1					LL
6	contacter LA pour augm. Préusinage F4R	1					RD
7	répondre à Charles sur Pierard	2	05/07/2023				MJ
8	tél Lebeau pour couverture aluminium	2					MU

Le bloc aide à la priorisation

Les 3 zones suivantes peuvent également être présentes ou non, remplies ou non. Elles peuvent vous faciliter l'attribution d'une priorité aux différentes actions.

- **Urg (ence) (colonne H)** : on la cotera de 1 à 5, les actions les plus urgentes étant cotées 5.
- **Imp (ortance) (colonne I)** : on la cotera de 1 à 5, les actions les plus importantes étant cotées 5.
- **Score (colonne J)** : obtenu par la formule suivante : Priorité = 2*Importance + Urgence. Nombre entre 3 et 15.

On remarquera au passage que cette formule n'est pas anodine car en multipliant la note de l'importance par deux elle aura tendance à prioriser les actions apportant du progrès et de la valeur.

En effet, le danger de privilégier systématiquement ce qui est urgent – les actions obligatoires – est de ne pas apporter du progrès à son travail. On sait que ce qui est urgent, obligatoire devra de toutes les façons être réalisé; donc parfois il faut avoir le courage de les laisser de côté pour faire passer des actions de fond qui sinon n'auraient que peu de chances d'être engagées un jour. Cela réduit le délai pour faire les actions urgentes mais permet aussi de limiter le temps qui leur sera accordé, ce qui, économiquement parlant, est un bon calcul. Dans le cas contraire, il y aurait eu le risque de consacrer trop de temps à ces actions urgentes (c'est ce qu'on appelle la loi de Parkinson : plus une personne dispose de temps pour s'acquitter d'une tâche ou d'une action, plus celle-ci prendra du temps!). Bien sûr, cette façon de faire peut s'avérer stressante et elle est à réserver aux actions vraiment individuelles car sinon elle stresserait d'autres collaborateurs, d'autant plus qu'ils ne seraient pas à l'origine de la décision d'introduire un peu de tension dans le système.

Certains se sentiront plus à l'aise en plaçant le bloc Aide à la priorisation juste après le bloc Délégation. Ce faisant le bloc Aide à la priorisation précédera la priorité et la date limite.

Glissement bloc aide à la priorisation

Actions	Dél?	Qui ?	Val ?	Urg	Imp	Score	Priorité	Date limite	Client
faire synthèse Loeillet persp XXX	0						0		CL
relancer l'enquête miroir	0						1		AB
rentrer codes méthodes dans Shawware	1	CB	A				1		ML
faire suivi du plan PAP	0						2		AB
lancer étude Quikore	1	JLV	A				2		LL
contacter LA pour augm. Préusinage F4R	0						1		RD
répondre à Charles sur Pierard	0						2	05/07/2023	MJ
tél Lebeau pour couverture aluminium	0						2		MU

Ces trois colonnes ne sont en rien obligatoires. Il y a longtemps que je ne m'en sers plus mais elles peuvent être utiles au départ, pour vous guider dans l'affectation d'une priorité. Disons que c'est une béquille, dont certains auront besoin au départ et dont on peut ensuite se passer très vite, l'affectation d'une priorité de façon directe et sans aide devenant un réflexe.

Si, comme moi, au bout d'un certain temps vous n'en voyez plus l'utilité, vous pourrez masquer (et non pas annuler) ces 3 colonnes.

À cette fin, sélectionnez ces 3 colonnes puis vous faites clic droit pour voir apparaître dans un menu de fonctions proposées la fonction «Masquer», que vous activez.

Vous travaillerez alors avec la TAF suivante un peu moins développée.

TAF sans partie Score

Nu	Actions	Dél?	Qui ?	Val ?	Prioritè	Date limite	Client
1	faire synthèse Loeillet persp XXX	0			0		CL
2	relancer l'enquête miroir	0			1		AB
3	rentrer codes méthodes dans Shawware	1	CB	A	1		ML
4	faire suivi du plan PAP	0			1		AB
5	lancer étude Quikore	1	JLV	A	1		LL
6	contacter LA pour augm. Préusinage F4R	0			1		RD
7	répondre à Charles sur Pierard	0			2	05/07/2023	MJ
8	tél Lebeau pour couverture aluminium	0			2		MU

Le bloc commercial

Le bloc commercial est constitué d'une seule zone.

- **Client (Colonne K)** : zone facultative pouvant être masquée. Initiales de la personne pour laquelle vous travaillez en réalisant cette action.

Si vous ne voulez pas utiliser cette zone, sélectionnez la colonne K puis faites clic droit pour voir apparaître dans un menu de fonctions proposées la fonction Masquer, que vous activez.

Vous travaillerez alors avec la TAF suivante un peu moins développée.

TAF sans Code client

Nu	Actions	Dél?	Qui ?	Val ?	Urg	Imp	Score	Priorité	Date limite
1	faire synthèse Loeillet persp XXX	0						0	
2	relancer l'enquête miroir	0						1	
3	rentrer codes méthodes dans Shawware	1	CB	A				1	
4	faire suivi du plan PAP	0						1	
5	lancer étude Quikore	1	JLV	A				1	
6	contacter LA pour augm. Préusinage F4R	0						1	
7	répondre à Charles sur Pierard	0						2	05/07/2023
8	tél Lebeau pour couverture aluminium	0						2	

Votre design personnel

Vous avez compris que c'est à vous de choisir la structure dans laquelle vous vous sentez le plus à l'aise.

Personnellement, mon positionnement est le suivant : la délégation est très importante, je n'ai pas besoin d'une aide à la priorisation, la partie commerciale est un plus.

Je vais donc travailler avec le design présenté ci-dessous. Dans la suite du chapitre, les captures d'écran seront représentées avec ce design.

TAF le plus courante

Nu	Actions	Dél?	Qui ?	Val ?	Prioritè	Date limite	Client
1	faire synthèse Loeillet persp XXX	0			0		CL
2	relancer l'enquête miroir	0			1		AB
3	rentrer codes méthodes dans Shawware	1	CB	A	1		ML
4	faire suivi du plan PAP	0			1		AB
5	lancer étude Quikore	1	JLV	A	1		LL
6	contacter LA pour augm. Préusinage F4R	0			1		RD
7	répondre à Charles sur Pierard	0			2	05/07/2023	MJ
8	tél Lebeau pour couverture aluminium	0			2		MU

Une fois vos différents fichiers en place vous allez pouvoir initialiser la méthode TAF. Mais avant de plonger dans le détail, il faut avoir une vue d'ensemble et ne jamais s'en éloigner afin de bien saisir la finalité de chaque phase dans le traitement d'ensemble.

Vue générale sur la dynamique de la méthode TAF

Rappelons que TAF désigne à la fois la méthode globale qui vous assure d'être pertinent et le tableau des actions à faire, qui est la pièce maîtressse de la méthode, que vous manipulez en permanence.

Un fichier à un seul onglet pour différents TAF

Commençons par présenter une vue d'ensemble des différentes phases qui seront ensuite détaillées dans des paragraphes spécifiques.

Dans le développement qui va suivre, on va distinguer des TAF totaux, des TAF hebdomadaires et des TAFs journaliers.

Ce qu'il faut bien comprendre tout de suite c'est que ces différents TAF sont tous **issus d'un seul et même onglet d'un seul et même fichier**.

Il n'y a qu'un seul endroit pour ranger toutes les actions, qu'un seul onglet d'un seul fichier, ce qui rend la méthode TAF très simple.

Toutes les actions, immédiates ou lointaines, sont dans le même onglet TAF

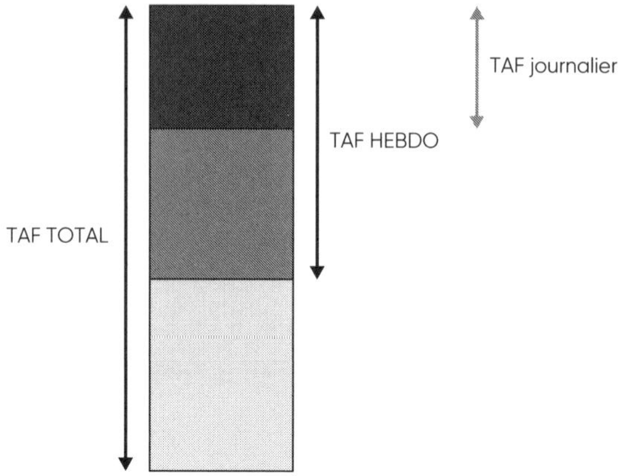

Les différentes actions étant constamment triées par priorité, la partie haute du tableau, constituée des actions de priorité 0, 1 et 2, forme le TAF journalier. La partie haute et moyenne du tableau, constituée des actions de priorité 0, 1, 2 et 3, forme le TAF hebdomadaire.

Les parties hautes, moyennes et basses du tableau, c'est-à-dire le tableau dans sa totalité, constitué des actions de priorité 0 à 9, forme le TAF total.

Une première façon de saisir la dynamique de la méthode TAF c'est de présenter plus en détail ces trois niveaux : le total, l'hebdomadaire et le journalier.

Le TAF total

C'est celui qui est remis à jour toutes les fins de semaine, le vendredi après-midi, vers 15 heures ou 16 heures, ce qui constitue donc la dernière activité de la semaine. Il contient toutes les actions, quelle que soit leur priorité.

En voici un exemple non trié avec 10 actions, auxquelles on a affecté une priorité au fur et à mesure de leur inscription dans le TAF.

TAF total non trié

Nu	Actions	Dél?	Qui ?	Val ?	Priorité	Date limite	Client
	relancer l'enquête miroir	0			1		AB
	faire analyse masse salariale Octobre	1	BL	B	3		RD
	répondre à Charles sur Pierard	0			2	05/07/2023	MJ
	péparer comité de sécurité du 18	1	AC	B	3		XL
	tél Lebeau pour couverture aluminium	0			2		MU
	faire synthèse Loeillet persp XXX	0			0		CL
	faire compte rendu gestion prévisionnelle vendredi 27	0			3	07/07/2023	RD
	réfléchir extension bâtiment H	0			4		HG
	rédiger dossier investissement machine FG	1	JR	A	5		MJ
	recrutement adjoint	0			9		HG

À des fins de qualité des captures d'écran, nous nous limitons volontairement à 10 actions. Cela ne correspond pas à la réalité, un TAF total contenant 50 actions en moyenne, plus ou moins 30 en fonction du poste occupé. Cette limitation volontaire sur le nombre d'actions n'est pas un problème : un TAF à 10 actions étant géré de la même façon qu'un TAF à 50 actions.

Pour pouvoir s'en servir correctement, la première chose à faire est de le trier convenablement.

Pour ce faire, on sélectionne la totalité du tableau, on va chercher dans le bandeau supérieur la fonction « Tri » dans l'onglet « Données » et on remplit les deux critères de tri : la priorité (du plus petit au plus grand) et la date limite (du plus ancien au plus récent).

Tri d'un TAF total

Nu	Actions	Dél?	Qui ?	Val ?	Priorité	Date limite	Client	
	relancer l'enquête miroir	0			1		AB	
	faire analyse masse salariale Octobre	1	BL	B	3		RD	
	répondre à Charles sur Pierard	0			2	05/07/2023	MJ	
	péparer comité de sécurité du 18	1	AC	B	3		XL	
	tél Lebeau pour couverture aluminium	0			2		MU	
	faire synthèse Loeillet persp XXX	0			0		CL	
	faire compte rendu gestion prévisionnelle vendredi 27							
	réfléchir extension bâtiment H							
	rédiger dossier investissement machine FG							
	recrutement adjoint							

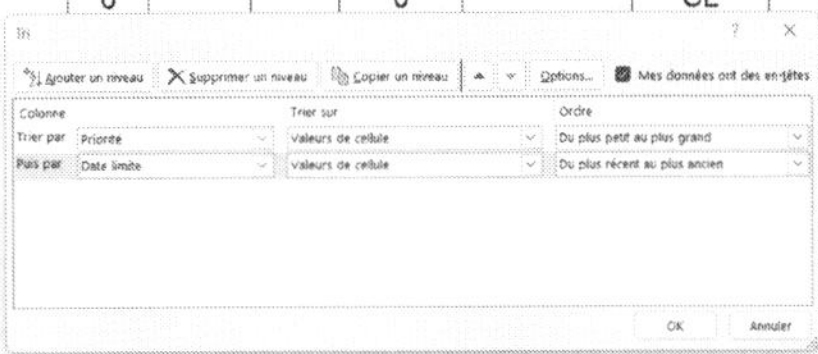

On obtient cette fois un TAF trié mais non numéroté.

TAF total T1 trié non numéroté

Nu	Actions	Dél?	Qui ?	Val ?	Priorité	Date limite	Client
	faire synthèse Loeillet persp XXX	0			0		CL
	relancer l'enquête miroir	0			1		AB
	répondre à Charles sur Pierard	0			2	05/07/2023	MJ
	tél Lebeau pour couverture aluminium	0			2		MU
	faire compte rendu gestion prévisionnelle vendredi 27	0			3	07/07/2023	RD
	faire analyse masse salariale Octobre	1	BL	B	3		RD
	péparer comité de sécurité du 18	1	AC	B	3		XL
	réfléchir extension bâtiment H	0			4		HG
	rédiger dossier investissement machine FG	1	JR	A	5		MJ
	recrutement adjoint	0			9		HG

Pour numéroter on commence par rentrer 1 et 2 dans la colonne Nu des deux premières actions.

En général, il faut ensuite renuméroter les actions dans l'ordre. On s'assure que les deux premières actions sont repérées par 1 et 2.

Numérotation d'un TAF total trié

Nu	Actions	Dél?	Qui ?	Val ?	Priorité	Date limite	Client
1	faire synthèse Loeillet persp XXX	0			0		CL
2	relancer l'enquête miroir	0			1		AB
	répondre à Charles sur Pierard	0			2	05/07/2023	MJ
	tél Lebeau pour couverture aluminium	0			2		MU
	faire compte rendu gestion prévisionnelle vendredi 27	0			3	07/07/2023	RD
	péparer comité de sécurité du 18	1	AC	B	3		XL
	faire analyse masse salariale Octobre	1	BL	B	3		RD
	réfléchir extension bâtiment H	0			4		HG
	rédiger dossier investissement machine FG	1	JR	A	5		MJ
	recrutement adjoint	0			9		HG

On tire ensuite la souris vers le bas.

On obtient finalement un TAF total, trié et numéroté, avec lequel on pourra travailler.

Exemple TAF total exploitable

Nu	Actions	Dél?	Qui ?	Val ?	Priorité	Date limite	Client
1	faire synthèse Loeillet persp XXX	0			0		CL
2	relancer l'enquête miroir	0			1		AB
3	répondre à Charles sur Pierard	0			2	05/07/2023	MJ
4	tél Lebeau pour couverture aluminium	0			2		MU
5	faire compte rendu gestion prévisionnelle vendredi 27	0			3	07/07/2023	RD
6	faire analyse masse salariale Octobre	1	BL	B	3		RD
7	péparer comité de sécurité du 18	1	AC	B	3		XL
8	réfléchir extension bâtiment H	0			4		HG
9	rédiger dossier investissement machine FG	1	JR	A	5		MJ
10	recrutement adjoint	0			9		HG

Le TAF hebdomadaire

Le TAF hebdomadaire (seulement priorités 0,1,2 et 3) est également constitué en fin de semaine, comme un extrait du TAF total. On arrive donc le lundi matin dans l'entreprise avec son TAF H déjà prêt.

On passe du TAF total au TAF hebdomadaire en ne sélectionnant que les actions 0,1,2 et 3 avant affichage (ou édition).

Pour ce faire, on va chercher dans le bandeau supérieur la fonction «Mise en page» et on utilise «Zone Imp» et on ne sélectionne que les actions du haut du tableau, celles avec des priorités 0,1,2 ou 3.

Rappel : 0 = urgence – 1 = prioritaire dans la journée – 2 = dans la journée – 3 = dans la semaine.

Passage TAF total à TAF hebdo

Nu	Actions	Dél?	Qui ?	Val ?	Priorité	Date limite	Client
1	faire synthèse Loeillet persp XXX	0			0		CL
2	relancer l'enquête miroir	0			1		AB
3	répondre à Charles sur Pierard	0			2	05/07/2023	MJ
4	tél Lebeau pour couverture aluminium	0			2		MU
5	faire compte rendu gestion prévisionnelle vendredi 27	0			3	07/07/2023	RD
6	faire analyse masse salariale Octobre	1	BL	B	3		RD
7	péparer comité de sécurité du 18	1	AC	B	3		XL

Ceux qui ont besoin d'une édition pourront déclencher l'édition en allant chercher sous le titre Fichier du Bandeau la fonction «Imprimer».

Impression d'un TAF hebdomadaire

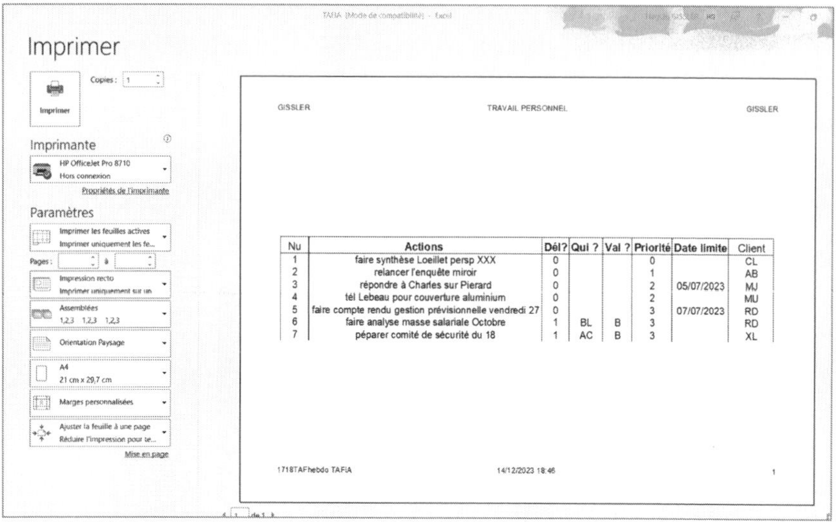

Nu	Actions	Dél?	Qui ?	Val ?	Priorité	Date limite	Client
1	faire synthèse Loeillet persp XXX	0			0		CL
2	relancer l'enquête miroir	0			1		AB
3	répondre à Charles sur Pierard	0			2	05/07/2023	MJ
4	tél Lebeau pour couverture aluminium	0			2		MU
5	faire compte rendu gestion prévisionnelle vendredi 27	0			3	07/07/2023	RD
6	faire analyse masse salariale Octobre	1	BL	B	3		RD
7	péparer comité de sécurité du 18	1	AC	B	3		XL

Le TAF journalier

Le TAF journalier (seulement priorités 0,1 et 2) est constitué chaque matin comme un extrait du TAF hebdomadaire, puis est mis à jour en temps réel durant toute la journée.

Comment passe-t-on du TAF hebdomadaire au TAF quotidien ? C'est exactement le même processus que pour passer du TAF total au TAF hebdomadaire.

D'abord, par sécurité, on réalisera un tri général des actions et une renumérotation.

Ensuite, on ira chercher dans le bandeau supérieur la fonction « Mise en page » et on utilise « Zone Imp » et on ne sélectionne que les actions du haut du tableau, celles avec des priorités 0,1, ou 2.

Rappel : 0 = urgence – 1 = prioritaire dans la journée – 2 = dans la journée.

Passage TAF hebdo à TAF journalier

Nu	Actions	Dél?	Qui ?	Val ?	Priorité	Date limite	Client
1	faire synthèse Loeillet persp XXX	0			0		CL
2	relancer l'enquête miroir	0			1		AB
3	répondre à Charles sur Pierard	0			2	05/07/2023	MJ
4	tél Lebeau pour couverture aluminium	0			2		MU

Ceux qui ont besoin d'une édition pourront la déclencher en allant chercher sous le titre Fichier du Bandeau la fonction « Imprimer ».

Impression d'un TAF journalier

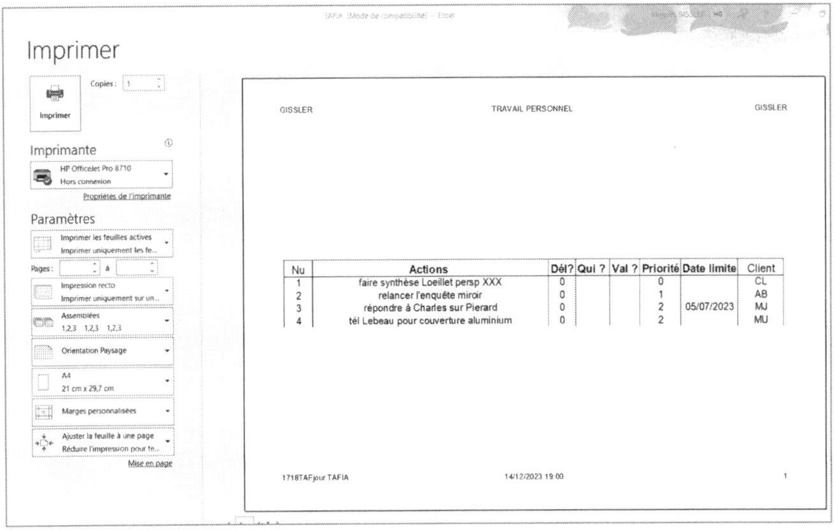

Signalons dès à présent qu'on réalisera systématiquement en fin de journée un bilan du TAF journalier (avant élimination définitive des actions réalisées dans la journée qui auront été entre-temps passées en italique).

Les temps forts d'un cycle complet

Une autre façon d'obtenir une première vue générale sur les opérations requises par la méthode TAF est d'en positionner les points forts dans le temps pour parcourir un cycle complet.

On distingue un processus fin de semaine (A puis E au bout d'un cycle complet) et un processus journalier (B en début de journée, C en cours de journée et D en fin de journée).

Les différents processus de la semaine

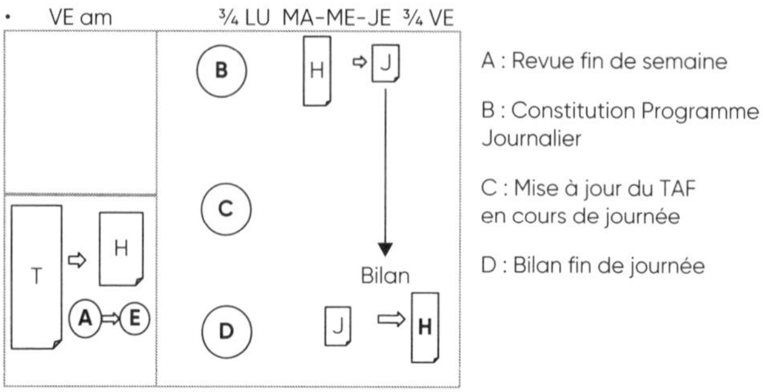

→ Processus fin de semaine

Il faut bien comprendre qu'avec la méthode TAF, une semaine commence le vendredi en deuxième partie d'après-midi, disons à 16 heures pour fixer les idées.

C'est durant cette phase A (ou phase E à partir du deuxième cycle), que se passe la préparation de la semaine à venir, au cours de laquelle deux opérations auront lieu :

- L'initialisation (ou la réinitialisation en phase E) à la fin de laquelle on disposera d'un TAF global T.
- Le passage du TAF total T vers un TAF hebdomadaire H.

→ Processus journaliers

Chaque jour de la semaine il y aura :

- En début de journée la phase B avec détermination du TAF J, programme de travail de la journée.
- Au cours de la journée, il y aura la phase C, mise à jour du TAF.
- Le soir, il y aura la phase D, bilan du TAF journalier.

→ Les lundis et vendredi seront un peu particuliers

- Le lundi la phase B aura lieu un peu plus tard, après les réunions de lancement de la semaine.
- Le vendredi la phase D aura lieu un peu plus tôt, puisqu'il faut ensuite lancer à nouveau une réflexion hebdomadaire.

Donc le vendredi, vers 15 heures ou 16 heures on retrouvera une phase pendant laquelle il faudra reconstituer un TAF total, mais cette fois on ne partira plus de rien comme en phase A. C'est la phase E qui permet de réamorcer un nouveau cycle avec la production d'un nouveau TAF T. La roue de la méthode TAF est lancée. Elle ne s'arrêtera plus, telle la roue du hamster dans sa cage !

Les 4 phases – A (fin de semaine), B, C, D (journalières) – vont maintenant être détaillées complètement, opération par opération. Certains trouveront peut-être excessifs ces détails, tant finalement les opérations à réaliser sur les différents TAF s'enchaînent naturellement. Il est toutefois bon d'avoir décortiqué au moins une fois une logique que l'on appliquera ensuite de façon naturelle.

Phase A : initialisation fin de semaine de la méthode TAF

Nous l'avons dit : pour la méthode TAF, une semaine commence le vendredi, deuxième partie de l'après-midi.

Il vous faudra donc rentrer dans le système en fin de semaine. La première fois, le travail sera plus conséquent puisqu'on partira de zéro (en phase E, c'est-à-dire dès la deuxième semaine, ce sera beaucoup plus simple). C'est pourquoi par protection et sécurité, certains attendent un week-end prolongé ou des vacances pour initialiser le système.

TRAITEMENT DES MAILS

Retranscrire mais ne pas faire

Au cours de cette étape, vous allez constituer votre premier TAF total T. Une source essentielle d'information, mais pas exclusive, sera votre stock de mails, celui-la même qui vous empoisonne l'existence, qui peut même troubler votre sommeil : vous allez l'attaquer et vous allez le dynamiter !

Certains peuvent se dire : pourquoi en deux ou trois heures réussirai-je à supprimer tous ces mails, alors que je n'ai pas réussi à le faire depuis des jours et des jours ? Eh bien parce que maintenant que vous connaissez la méthode TAF, votre approche est radicalement différente : il ne s'agit plus de traiter les mails mais de retranscrire leur contenu informationnel dans votre base de travail grâce à une technique de flip flop rapide, soit une succession d'allers-retours entre votre messagerie et votre bibliothèque électronique sur disque dur. L'information va passer d'un statut statique et flou en tant que mail à un statut vivant et directement opérationnel en tant qu'élément de votre base de travail.

Maintenant que vous êtes familiarisé avec la structure de votre base de travail et en particulier avec les deux fichiers principaux que sont votre bibliothèque électronique et votre TAF (tableau des actions à faire) et que vous les avez préparés, vous avez juste deux questions à vous poser sur chaque mail lu :

- Ce mail m'apporte-t-il de l'information à stocker ?
- Ce mail doit-il déclencher chez moi une action (ou plusieurs) ?

Deux questions seulement et un traitement unique, toujours le même. Avec la méthode TAF pas de logigramme compliqué, qui tient à peine sur une page et qui débouche sur des traitements de l'information différents.

Il y a 4 réponses possibles :

- Le mail n'apporte pas d'information à stocker et ne doit déclencher aucune action.
- Le mail apporte de l'information à stocker et ne doit déclencher aucune action.
- Le mail n'apporte pas d'information à stocker mais doit déclencher une action.
- Le mail apporte de l'information à stocker et doit déclencher une action.

Pas d'information à stocker – pas d'action personnelle

Vous allez vous apercevoir que plus de la moitié des mails, que dis-je, les trois quarts, sont des mails-parapluies.

Beaucoup de personnes ont en effet du mal à prendre leurs responsabilités et veulent être couvertes au cas où des évènements tournent mal, donc lors de l'envoi d'un mail elles multiplient le nombre des destinataires, parfois extérieurs au sujet. Elles pourront dire en cas de difficultés : « j'avais prévenu, Untel était au courant ».

Un autre problème est la confusion entre l'action et l'information de la part de l'émetteur du mail. Les personnes qui sont réellement concernées devraient être les seuls destinataires, les personnes qui doivent en être seulement informées ne devraient être qu'en copie. Mais dans la pratique, tous les émetteurs de mails ne font pas forcément la distinction.

Pour tous ces mails parapluies, une simple lecture permettant la mémorisation suffit avant leur archivage immédiat.

La nocivité de ces mails parapluies est grande car ils peuvent vous impressionner par leur nombre. Une fois débarassé des mails parapluies, votre stock de mails non traités fond d'un seul coup. C'est comme pendant un déménagement : une fois les meubles les plus encombrants éliminés, on y voit nettement plus clair et on va pouvoir se concentrer sur les affaires plus petites mais dont les différents éléments nécessiteront peut- être des rangements multiples.

Une information à stocker – pas d'action personnelle

Quantifions les choses pour mieux les appréhender : si les mails parapluies représentent 60 % de votre stock, les mails purement informationnels en représentent – disons –20 %. Ces chiffres ne sont que des points de repère et dépendent bien sûr de l'activité de chacun.

Nous sommes dans le cas où le mail recèle une information intéressante qui ne nécessite instantanément aucune action mais dont vous aurez besoin ultérieurement pour en réaliser une : ce peut être les nouveaux prix catalogue de vos produits, une décision prise par un supérieur, un communiqué de presse sur les résultats financiers de votre société, une nouvelle nomination, l'ordre du jour d'une réunion…

La plupart du temps l'information n'est pas dans le corps du mail, qui comporte juste une phrase d'accompagnement du type : « Veuillez trouver ci-joint… » mais dans une pièce jointe qu'il est facile de stocker dans votre bibliothèque électronique. Suite à la récupération de l'information à stocker, de retour dans la messagerie, le mail est immédiatement archivé… avant le traitement du mail suivant.

Ces opérations se feront via un flip flop, c'est-à-dire une succession d'allers-retours, entre votre messagerie et votre bibliothèque électronique sur votre disque dur.

Pour ce faire, il suffit de basculer d'un environnement à l'autre en cliquant sur l'icône explorateur de fichiers proposé dans le bandeau inférieur.

Aller de messagerie vers bibliothèque électronique

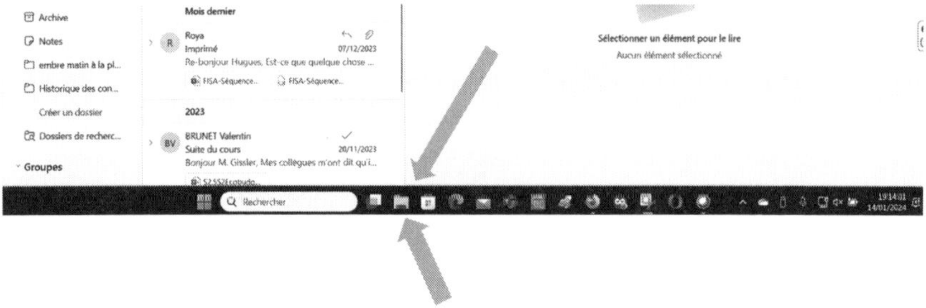

Vous pouvez alors déposer votre pièce jointe au bon endroit.

Accès à la bibliothèque électronique depuis la messagerie

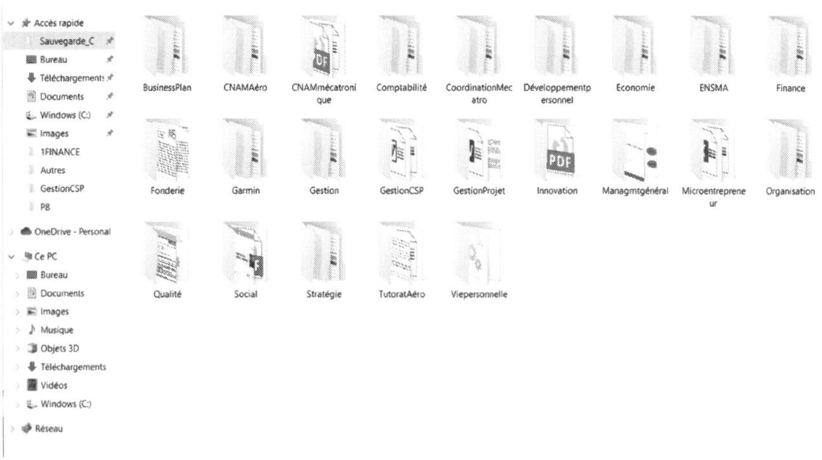

Une fois votre enrichissement de la bibliothèque électronique réalisé vous repartez directement vers la messagerie en cliquant sur la croix proposée dans le bandeau supérieur.

Retour bibliothèque électronique vers messagerie

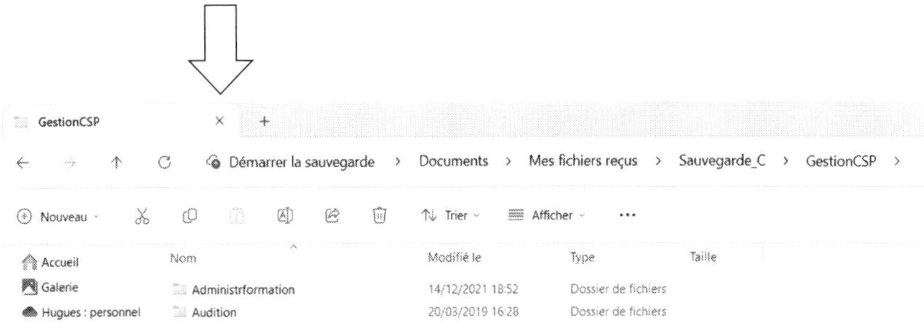

Cette simple opération vous permet de retrouver directement votre messagerie, d'archiver immédiatement le mail traité et de passer au mail suivant.

Il faut donc bien se rendre compte que l'on garde toujours sa messagerie ouverte tout au long du traitement de ses mails et que les allers-retours entre messagerie et bibliothèque électronique sont extrêmement rapides.

Dans des cas plus rares, si l'information à stocker réside dans le corps du mail – et on peut alors le regretter car c'est une maladresse de la part de l'émetteur –, c'est le mail lui-même qu'il faudra stocker comme un document grâce à l'outil PDF Creator*.

Pour ce faire, on demande d'abord une impression du mail en cliquant sur l'icône représentant une imprimante.

Utilisation de PDF Creator (1)

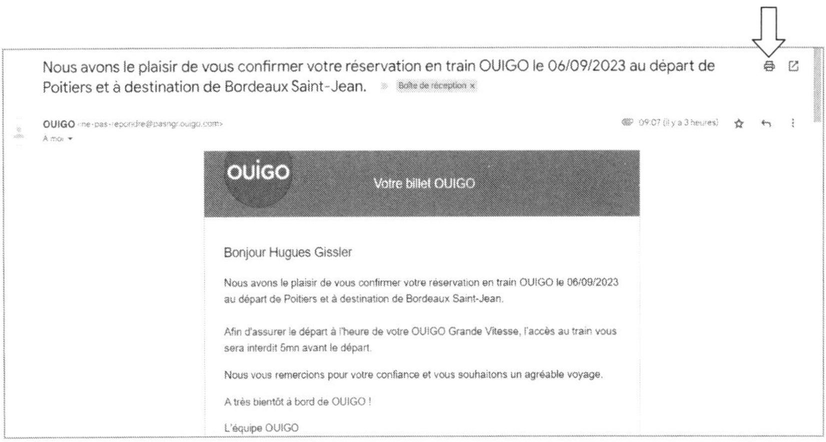

Puis, sur l'écran suivant, on force l'imprimante avec PDF Creator comme indiqué dans la diapo suivante.

Utilisation de PDF Creator (2)

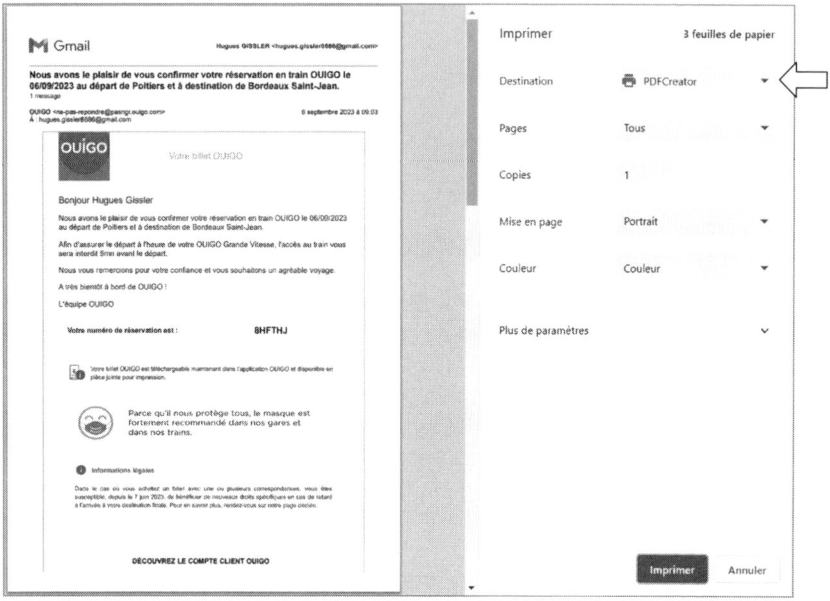

Pdf Creator vous proposera ensuite une sauvegarde et vous pourrez choisir votre lieu de stockage.

Utilisation de PDF Creator (3)

Parfois, l'information est juste l'annonce d'une date d'une réunion prochaine : dans ce cas, c'est l'agenda qui sera documenté avec les dates et heures de cette réunion. Le mail sera là aussi immédiatement archivé, suite à la récupération de l'information qui a été stockée dans votre agenda.

Pas d'information à stocker – une action personnelle

Quantifions les choses pour mieux les appréhender : si les mails parapluies représentent 60 % de votre stock, les mails purement informationnels 20 %, les mails générant une action sont estimés à 15 %. Comme dit précédemment, ces chiffres ne sont que des points de repère et dépendent bien sûr de l'activité de chacun.

Dans ce cas, vous allez basculer sur votre bibliothèque électronique – comme nous l'avons vu au paragraphe précédent, c'est-à-dire en conservant toujours la messagerie ouverte – vous allez vous positionner sur votre fichier TAF que vous allez enrichir avec des actions nouvelles auxquelles vous allez affecter une priorité.

Rappel de la signification des priorités :

- 0 Urgence.
- 1 prioritaire dans la journée.
- 2 dans la journée.
- 3 dans la semaine.
- 4 dans le mois.
- 5 le mois (M + 1).
- 6 le mois (M + 2).
- 7 le mois (M + 3).
- 8 dans l'année.
- 9 pour mémoire.

Attention : il est possible que le mail parle plutôt d'une tâche mais dans le TAF vous ne garderez que la première action (ou les premières actions si on peut engager en parallèle deux actions non dépendantes l'une de l'autre) en omettant les suivantes. En effet, elles sont de toute façon bloquées par la première (ou les premières) et ne pourront être engagées que lorsque cette première (ou ces premières) sera (seront) réalisée(s). Il ne s'agit pas d'une décomposition de tâches en sous tâches, comme on pourrait le faire dans un projet, mais de repérer la seule première action (ou les seules premières actions), initialisant la réalisation de la tâche (voir chapitre II principe 1, l'action plutôt que la tâche).

Certains diront que c'est dangereux, que ce n'est pas exhaustif, qu'on risque d'oublier les actions suivantes. Eh bien pas du tout car il y a un lien entre les différentes actions d'une même tâche et avec la méthode TAF vous travaillez toujours en pleine conscience, c'est-à-dire que lorsque vous réalisez une action vous savez pertinemment à quelle tâche elle est rattachée, même si celle-ci ne figure nulle part.

Ce sera la première action (ou les premières) qui nous servira (serviront) de mémoire. Lorsqu'elle sera réalisée et qu'on sera sur le point de la mettre en italique, il faudra se demander systématiquement : maintenant que cette action est réalisée quelle autre action peut-elle être engagée ? Cette nouvelle action, maintenant réalisable, est immédiatement rentrée dans le TAF et ainsi de suite ; **on appelle cela l'effet cascade de la méthode TAF**.

Une action, provoquée par le traitement d'un mail, peut être très courte, ne durer que quelques minutes ; cela peut-être juste l'envoi d'un mail sous forme de relance ou un appel téléphonique. Mais même dans ce cas, vous devez résister à la tentation de la réaliser sur-le-champ sans l'inscrire préalablement dans votre TAF. Pourquoi ?

D'abord, ce serait une erreur de vous dériver de votre travail d'ordonnancement total et de vous précipiter dans la réalisation d'une action, même extra-courte. Quand vous faites de l'ordonnancement d'actions il est important d'aller jusqu'au bout, jusqu'à la détection et l'inscription dans le TAF de la dernière action et il est hors de question de hacher ce travail par des réalisations, même courtes. L'ordonnancement des actions est un préalable en un bloc. De la même façon, lorsque vous entamerez la réalisation des actions, vous vous interdirez de repartir dans un travail d'ordonnancement. Ce sont pour le cerveau deux activités différentes qui ne peuvent pas être simultanées.

Il y a un autre avantage à répertorier toutes les actions dans le TAF, même les plus courtes : c'est la pleine conscience de ce que vous faites. Le fait d'avoir rédigé l'action vous permettra de la mémoriser. Un adepte de la méthode TAF a une conscience étonnante de ce qu'il a fait et de ce qu'il lui reste à faire. Cette pleine conscience peut même générer de l'admiration chez les autres, voire de l'incrédulité : « Mais comment fait-il pour se souvenir de tout ? quel est son secret ? ».

Par ailleurs, comment rédiger l'action en elle-même ? Cela doit commencer forcément par un verbe et cela doit être précis mais simple : faire, rédiger, téléphoner, fixer, préparer, mettre au propre, envoyer, lancer, lire, diffuser, relancer sont les verbes d'actions qui reviennent le plus souvent en tête du libellé des actions, tout au moins pour les actions de priorité 0,1,2,3 et 4.

Par contre, comme les autres lignes (priorité 5,6,7,8 ou 9) sont en général juste là pour mémoire (le TAF sert aussi de pense-bête) et pas pour action immédiate, leur libellé peut rester sous forme de tâches puisqu'on aura bien le temps de les transformer en actions lorsque l'échéance se rapprochera. Par exemple, on peut trouver en 5 (mois M + 1) : «recrutement d'un adjoint» tâche relativement lointaine qui se transformera un jour en une action de priorité 0,1,2,3 ou 4 comme «définir profil pour embauche adjoint par DRH».

L'affectation de la priorité

Abordons maintenant la question de la priorité. Son choix est en général assez intuitif.

Il n'y a pas de discussion pour affecter la priorité 0. Cela correspond à des actions qui doivent être faites quelle que soit la disponibilité dont vous disposez. Ces actions de priorité 0 forment donc un premier paquet d'actions, qui se retrouve tout en haut du fichier TAF.

Les deux paquets d'actions suivants sont :

- Celles de priorité 1 et 2, correspondant à des actions à faire le premier jour de la semaine (il y a deux chiffres car on a voulu spécifier les actions par lesquelles il faudra commencer la journée c'est-à-dire les priorités 1).
- Celles de priorité 3, correspondant à des actions à réaliser dans la semaine.

Pour ces deux paquets d'actions votre disponibilité intervient de façon mesurée. Mesurée, seulement, car rappelons-le : la méthode TAF est résolument tournée du côté du client et a tendance à ne pas tenir compte des contraintes qui pèsent sur votre petite personne. Ce qui est majeur pour la méthode TAF, est le flux de sortie dont le débit ravit vos clients et ce qui structure avant tout votre travail, c'est la priorité relative des différentes actions.

Néanmoins, vous pourrez prendre connaissance de l'ampleur de vos disponibilités de la semaine en consultant votre agenda, où figurent des plages obligatoires, en général des réunions, pendant lesquelles vous ne pourrez pas faire avancer vos actions personnelles (bien au contraire ces réunions devraient générer des actions à faire qui enrichiront instantanément votre TAF).

Prenez connaissance ci-dessous de deux situations presque extrêmes, pouvant figurer dans votre agenda : d'abord une semaine à faible disponibilité puis une semaine plutôt calme en évènements donc à forte disponibilité.

Exemple de semaine à faible disponibilité dans l'agenda

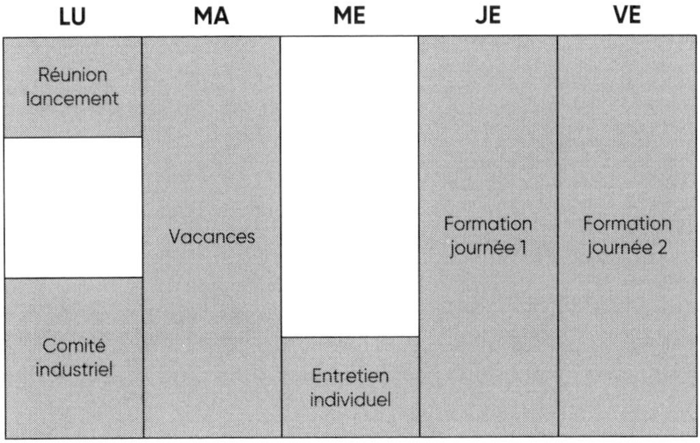

Exemple de semaine à forte disponibilité dans l'agenda

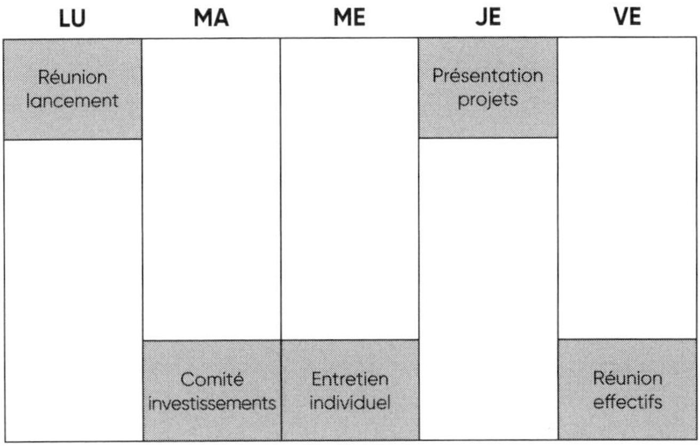

Forcément, ces deux situations – presque extrêmes – ont un léger impact sur l'affectation des priorités. Il est probable que si vous êtes dans le premier cas, vous allez limiter le nombre de priorités 1 ou 2 en faveur des priorités 3 et que de la même façon vous allez opérer un glissement des priorités 3 vers les priorités 4 ou plus. Votre TAF hebdomadaire comportera donc moins d'actions, votre programme hebdomadaire sera plus léger.

D'autre part, si vous avez du mal à vous décider pour affecter une priorité, il est toujours possible de démasquer les 3 colonnes F, G et H, aboutissant à une proposition de priorité à partir de l'importance et de l'urgence estimées.

Utilisation Urg, Imp et Score

Afficher ces 3 colonnes ↓ ↓ ↓

Nu	Actions	Dél?	Qui ?	Val ?	Urg	Imp	Score	Priorité	Date limite	Client
	faire synthèse Loeillet persp XXX	0								CL
	relancer l'enquête miroir	0								AB
	répondre à Charles sur Pierard	0							05/07/2023	MJ
	tél Lebeau pour couverture aluminium	0								MU
	faire compte rendu gestion prévisionnelle vendredi 27	0							07/07/2023	RD
	faire analyse masse salariale Octobre	1	BL	B						RD
	péparer comité de sécurité du 18	1	AC	B						XL
	réfléchir extension bâtiment H	0								HG
	rédiger dossier investissement machine FG	1	JR	A						MJ
	recrutement adjoint	0								HG

On note l'urgence et l'importance de 1 à 5 et dans Score on calcule une proposition de priorité par la formule :

Score = 2*Importance + Urgence.

Cette formule n'est pas anodine car en multipliant la valeur de l'importance par deux elle a tendance à favoriser les actions apportant du progrès et de la valeur.

Vous obtiendrez la TAF suivante :

Calcul du Score

Nu	Actions	Dél?	Qui ?	Val ?	Urg	Imp	Score	Priorité	Date limite	Client
	faire synthèse Loeillet persp XXX	0			3	5	13			CL
	relancer l'enquête miroir	0			1	3	7			AB
	répondre à Charles sur Pierard	0			5	2	9		05/07/2023	MJ
	tél Lebeau pour couverture aluminium	0			2	5	12			MU
	faire compte rendu gestion prévisionnelle vendredi 27	0			3	3	9		07/07/2023	RD
	faire analyse masse salariale Octobre	1	BL	B	1	3	7			RD
	péparer comité de sécurité du 18	1	AC	B	1	4	9			XL
	réfléchir extension bâtiment H	0			1	2	5			HG
	rédiger dossier investissement machine FG	1	JR	A	4	4	12			MJ
	recrutement adjoint	0			2	3	8			HG

Il faut ensuite trier avec comme critère majeur de tri le Score (et comme critère mineur la Date limite). On obtient alors :

Affectation des priorités à l'aide du Score

Nu	Actions	Dél?	Qui ?	Val ?	Urg	Imp	Score	Priorité	Date limite	Client
	faire synthèse Loeillet persp XXX	0			3	5	13			CL
	tél Lebeau pour couverture aluminium	0			2	5	12			MU
	rédiger dossier investissement machine FG	1	JR	A	4	4	12			MJ
	répondre à Charles sur Pierard	0			5	2	9		05/07/2023	MJ
	faire compte rendu gestion prévisionnelle vendredi 27	0			3	3	9		07/07/2023	RD
	péparer comité de sécurité du 18	1	AC	B	1	4	9			XL
	recrutement adjoint	0			2	3	8			HG
	relancer l'enquête miroir	0			1	3	7			AB
	faire analyse masse salariale Octobre	1	BL	B	1	3	7			RD
	réfléchir extension bâtiment H	0			1	2	5			HG

Il suffit ensuite, au regard du Score, d'affecter des priorités. La seule décision à prendre, puisque les actions sont dans l'ordre, est de décider le point de rupture entre la priorité 1 et la priorité 2, et du point de rupture entre la priorité 2 et la priorité 3.

On obtient alors :

Affectation des priorités

Nu	Actions	Dél?	Qui ?	Val ?	Urg	Imp	Score	Priorité	Date limite	Client
	faire synthèse Loeillet persp XXX	0			3	5	13	1		CL
	tél Lebeau pour couverture aluminium	0			2	5	12	1		MU
	rédiger dossier investissement machine FG	1	JR	A	4	4	12	1		MJ
	répondre à Charles sur Pierard	0			5	2	9	2	05/07/2023	MJ
	faire compte rendu gestion prévisionnelle vendredi 27	0			3	3	9	2	07/07/2023	RD
	péparer comité de sécurité du 18	1	AC	B	1	4	9	2		XL
	recrutement adjoint	0			2	3	8	2		HG
	relancer l'enquête miroir	0			1	3	7	2		AB
	faire analyse masse salariale Octobre	1	BL	B	1	3	7	2		RD
	réfléchir extension bâtiment H	0			1	2	5	3		HG

Une autre façon de déterminer les priorités des actions est de réfléchir en fonction de la proximité ou non des parties prenantes. Les actions incluant des personnes extérieures à l'entreprise (fournisseurs, clients, administration…) auront une priorité haute (0 ou 1). Les actions incluant des personnes de l'entreprise – y compris vos collaborateurs – auront une priorité haute ou moyenne (1 ou 2) et les actions où vous êtes autonome auront plutôt des priorités moyennes ou basses (2 ou 3 ou 4). Il est en effet très important pour les actions incluant des personnes extérieures de prendre date le plus vite possible, puisque votre impact personnel sur leurs délais est plutôt faible. Il est aussi important que vous lanciez aussi vite que possible vos collaborateurs sur les projets et qu'ils ne restent pas l'arme au pied en vous attendant. Vous aurez tout loisir de réaliser vos actions à vous, une fois vos collaborateurs au travail (quand il s'agit de s'entendre seulement avec soi-même c'est quand même plus simple !).

Prise en compte de la distance des parties prenantes pour détermination de la priorité

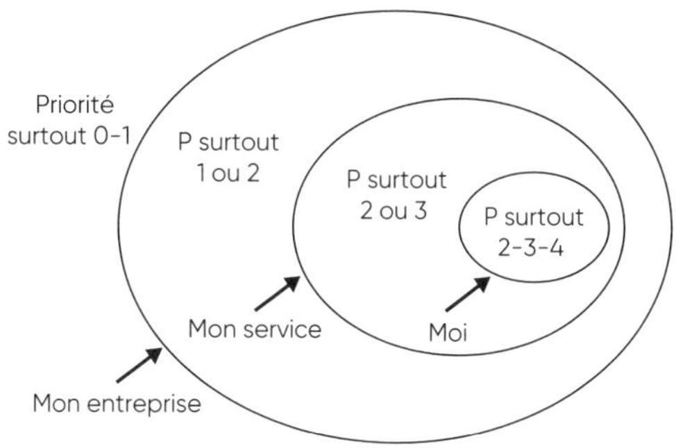

Pour vous guider dans les priorités ayez donc toujours à l'esprit ces trois (ou quatre) strates : personnes extérieures à l'entreprise ; personnes d'autres services ; collaborateurs ; moi et moi seul.

On comprend donc que la fixation des priorités n'est pas une science exacte. Notre intuition peut juste être guidée ou renforcée par la lecture du volume de nos disponibilités dans notre agenda, par l'utilisation du score et par la prise en compte de la localisation des parties prenantes.

Et si on se trompe? Est-ce un problème? On verra que le système n'est absolument pas figé et se régule tout seul. Si on ne prend pas assez d'actions face à ses disponibilités de la semaine? Il suffira de recharger le TAF en cours de semaine en passant des actions de priorité 3 en priorité 0,1 ou 2.

Si on prend trop d'actions face à ses disponibilités de la semaine? Elles resteront comme restant à faire dans le TAF en fin de semaine et seront reconduites dans le TAF hebdomadaire suivant.

On voit ici la grande force du TAF, qui est d'une flexibilité à toute épreuve, intégrant en permanence les évènements du réel.

Il nous reste à parler de la date limite. Vous avez – je pense – compris que la méthode TAF travaillait principalement en relatif et non pas en absolu. Ce qui est majeur c'est la priorité relative des actions à faire les unes par rapport aux autres et finalement ces actions, pour la plupart, ne sont pas datées. Finalement leur seul positionnement dans le temps c'est : **le plus vite possible avant telle autre action et après telle autre action.** Mais bien sûr il y a parfois des deadlines, qu'il faut respecter. Ces deadlines sont à rentrer dans la zone date limite et on en tiendra compte lors du tri des actions, puisqu'on prendra la date limite comme critère secondaire du tri après la priorité.

On voit clairement dans le TAF présent ci-après que l'action 3 vient en tête des actions de priorité 2 car elle a une date limite, et pas les autres de la même priorité. De la même façon, l'action 5 vient en tête des actions de priorité 3 car elle a une date limite, et pas les autres de la même priorité.

Exemple de TAF total avec Date limite

Nu	Actions	Dél?	Qui ?	Val ?	Priorité	Date limite	Client
1	faire synthèse Loeillet persp XXX	0			0		CL
2	relancer l'enquête miroir	0			1		AB
3	répondre à Charles sur Pierard	0			2	05/07/2023	MJ
4	tél Lebeau pour couverture aluminium	0			2		MU
5	faire compte rendu gestion prévisionnelle vendredi 27	0			3	07/07/2023	RD
6	faire analyse masse salariale Octobre	1	BL	B	3		RD
7	péparer comité de sécurité du 18	1	AC	B	3		XL
8	réfléchir extension bâtiment H	0			4		HG
9	rédiger dossier investissement machine FG	1	JR	A	5		MJ
10	recrutement adjoint	0			9		HG

Une information à stocker – une action personnelle

Quantifions les choses pour mieux les appréhender : si les mails parapluies représentent 60 % de votre stock, les mails purement informationnels 20 %, les mails générant une action 15 %, alors ce que l'on appelle les mails doubles représentent les 5 % restant.

Parfois, la lecture du mail et son traitement débouchent à la fois sur le stockage d'une information à stocker dans votre base de travail et sur l'inscription d'une action supplémentaire dans votre TAF. Il vous suffira d'enchaîner les deux processus décrits dans les cas 2 et 3.

Parfois, il y aura même des mises à jour sur trois des éléments de votre base de travail. Imaginons par exemple un mail annonçant la date et l'ordre du jour d'une réunion pour laquelle vous avez une préparation à faire. À la fois votre agenda (pour la date), votre bibliothèque électronique (pour l'ordre du jour probablement figurant en pièce jointe dans le mail) et votre TAF (pour vos actions préparatoires) seront enrichis.

Ce qui change avec la méthode TAF

Votre lecture-traitement-élimination des mails va être très rapide avec cette simple double interrogation :

- Y a-t-il une information nouvelle à stocker dans ma base de travail ?
- Ai-je quelque chose à faire et, si oui, avec quelle priorité, voire quelle date limite ?

La grande différence avec avant, maintenant que vous avez l'esprit TAF, c'est que vous n'hésitez plus à archiver les mails, qui sont autant d'obstacles à votre progression, comme des lianes dans une forêt vierge. Désormais, votre machette fonctionne à pleine cadence !

Oui c'est un effort à réaliser au départ, mais vous serez finalement surpris du peu de temps nécessaire pour initialiser le système : seulement une à deux heures selon le nombre de mails initialement en stock.

Votre stock de mails non traités doit être entièrement supprimé car conserver un mail signifierait une non prise de décision, une analyse incomplète du contenu du mail, de la procrastination* à l'état brut.

Un mail doit être lu une seule fois, traité puis archivé immédiatement. Il ne faut pas verser dans l'attitude suivante : je prends d'abord connaissance du mail ; je le garde ; je le relirai plus tard pour voir ce qu'il faut en faire… et si je ne sais pas quoi faire je le garde encore et je le relirai une 3e fois, une 4e fois !

On a calculé qu'un mail était lu 6 fois en moyenne : c'est 5 de trop !

Il faut bouger : soit il n'y a rien à faire car on est en présence d'un mail parapluie (et une simple lecture suffit avant archivage), soit on a parfaitement détecté la première action permettant d'entamer la tâche, soit, si on ne sait pas encore clairement quoi faire, il faut alors rentrer dans le TAF une action qui va vous permettre d'y voir plus clair et de savoir quoi faire au plus vite. Ce peut être par exemple : « demander à X ce qu'il entend exactement par synthèse » ou « aller voir Y pour éclaircir tel point ».

Dans tous les cas, le mail doit être archivé lors de votre retour de la bibliothèque électronique vers la messagerie. Aucun entre-deux n'est toléré. Le statu quo est un danger : vous allez être progressivement paralysé par cette gangue que représentent les mails non archivés.

LES AUTRES SOURCES D'INFORMATION

Les mails, s'ils sont de nos jours la principale source d'information, ne sont pas la seule et unique à votre disposition pour votre travail du vendredi après-midi. Il y a aussi :

- le courrier résiduel papier ;
- les pense-bêtes ;
- les réunions déjà inscrites dans votre agenda ;
- les projets dans lesquels vous êtes partie prenante ;
- votre cerveau !

Et il est nécessaire de purger tous ces systèmes pour avoir une vue d'ensemble complète de ce que vous avez à faire.

Le courrier résiduel papier

Chaque courrier doit être traité de la même façon qu'un mail. Dans l'écrasante majorité des cas il s'agit de publicités ou de l'envoi de documents officiels (cas numéros 1 et 2). Très rarement un courrier déclenchera une action (cas numéros 3 et 4).

Les courriers inférieurs à deux pages seront scannés systématiquement, les autres conservés sous format papier. Mais le rangement est le même, en accord avec l'arborescence logique décidée pour votre bibliothèque électronique. La différence est le lieu de rangement : au lieu de stocker sur le disque dur de l'ordinateur, le document papier est glissé dans une chemise papier à l'intérieur d'une chemise cartonnée, rangée ensuite dans des dossiers suspendus ou tout autre type de rangement que vous aurez jugé pratique.

Les pense-bêtes

Ils peuvent revêtir des formes très différentes. Les plus répandues sont quand même les post-it, qui réalisent de magnifiques guirlandes de Noël tout autour de votre ordinateur – à moins qu'ils aient roulé sous le bureau ou passé par la fenêtre – et les ébauches de to-do list manuscrites inscrites éventuellement dans un cahier de notes, votre agenda ou votre téléphone portable.

Désormais, transférez leur contenu dans votre base de travail, généralement dans le TAF puis détruisez-les définitivement.

À partir de ce vendredi vous n'en aurez plus besoin car un TAF non seulement joue le rôle d'ordonnanceur des actions mais sert aussi d'unique pense-bête.

Les réunions inscrites dans votre agenda pour la semaine

Parcourez votre agenda : où figurent déjà les principales réunions et contacts de la semaine à venir. Avez-vous des actions préparatoires à faire?

Consultation de l'agenda le vendredi après midi pour élaboration du TAF total

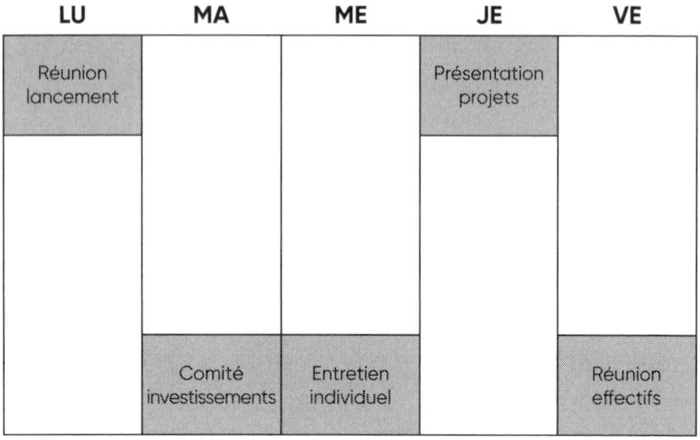

Vous avez quatre réunions de prévues cette semaine. Est-ce que les différents participants comptent sur vous pour les animer ? Êtes-vous en charge de documents préparatoires, éventuellement à joindre dans les convocations ? Si oui, cela va générer autant d'actions sans doute prioritaires à insérer dans le TAF total.

Les projets dans lesquels vous êtes partie prenante

La méthode TAF ne mélange pas tout et n'empiète pas sur la gestion de projet, qui concerne en général plusieurs personnes. C'est le rôle d'autres outils comme le planning GANTT*, qui décompose les différents projets en sous-tâches attribuées à différents responsables identifiés et planifiées dans le temps. La méthode TAF reste un outil d'organisation personnelle mais à ce titre elle a quand même une action indirecte sur la bonne marche des projets car elle vous aide à donner le meilleur de vous-même à l'intérieur du déroulement des projets.

Parcourez donc les GANTT* des différents projets dans lesquels vous êtes impliqués. Posez-vous ensuite la question à chaque fois que vous voyez votre nom sur une sous-tâche : quelle action puis-je faire pour accélérer la réalisation de cette sous-tâche ? Inscrivez-la ensuite immédiatement dans le TAF total.

Diagramme de Gantt du projet AVEN5

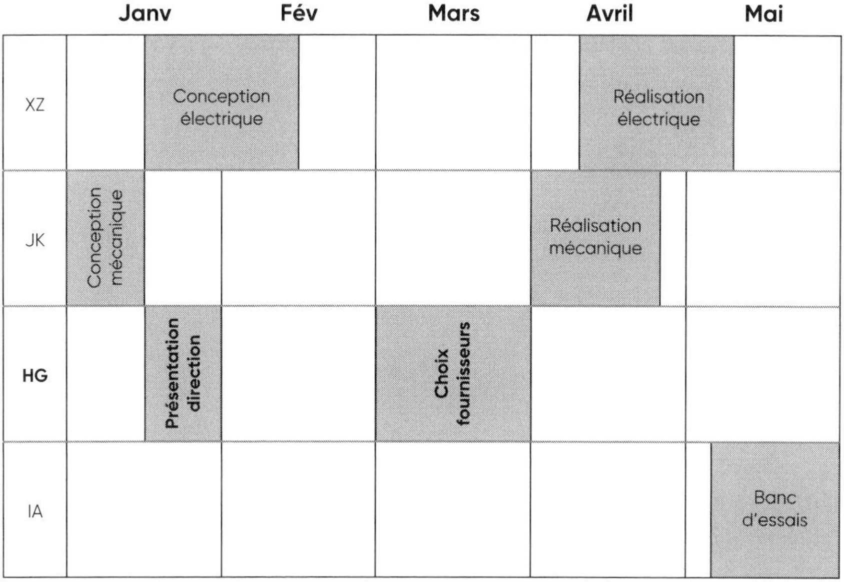

Dès maintenant, pouvez-vous par certaines actions anticiper les deux sous tâches qui vous ont été confiés : présentation direction et choix fournisseurs ? Si oui, ce sont autant d'actions qui vont venir enrichir le TAF total.

Votre cerveau

N'avez-vous pas encore des actions non notées qui trottent dans votre tête ? Par exemple, des demandes informelles qui vous ont été faites à la machine à café ? Alors déchargez-les dans le TAF total en leur affectant une priorité. Votre cerveau doit être entièrement disponible lorsque le temps de l'action sera venu.

LES OPERATIONS POST-INVENTAIRE

Une fois cet inventaire exhaustif terminé, que vous pensez avoir fait le tour de la question dans ses moindres recoins il vous reste trois opérations à réaliser :

- trier vos actions ;
- en vérifier la numérotation ;
- extraire du TAF total T le TAF hebdomadaire H.

Pour trier les actions, on sélectionne la totalité du tableau, on va chercher la fonction Tri dans Données et on remplit les deux critères de tri : la priorité (du plus petit au plus grand) et la date limite (du plus récent au plus ancien).

Tri des actions répertoriées

Nu	Actions	Dél?	Qui ?	Val ?	Priorité	Date limite	Client
	faire synthèse Loeillet persp XXX	0			0		CL
	répondre à Charles sur Pierard	0			2	05/07/2023	MJ
	péparer comité de sécurité du 18	1	AC	B	3		XL
	réfléchir extension bâtiment H	0			4		HG
	tél Lebeau pour couverture aluminium	0			2		MU
	relancer l'enquête miroir	0			1		AB
	faire compte rendu gestion prévisionnelle vendredi 27	0					
	faire analyse masse salariale Octobre	1	BL				
	recrutement adjoint	0					
	rédiger dossier investissement machine FG	1	JR				

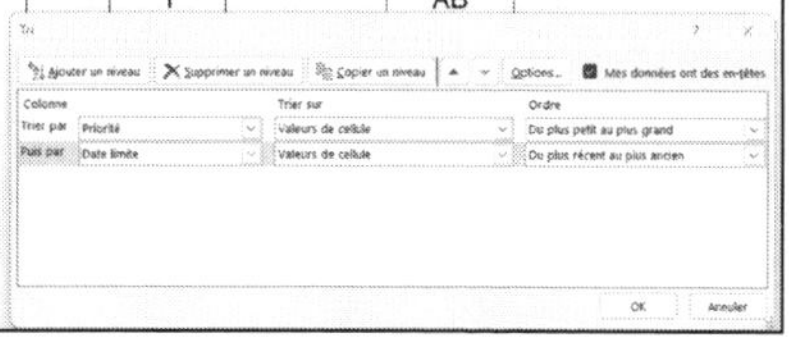

Il ne reste plus qu'à renuméroter les actions pour obtenir un TAF total exploitable. Pour ce faire, on rentre 1 et 2 comme Numéro des deux premières lignes et on tire la souris vers le bas à partir du coin inférieur droit.

TAF prête à être renumérotée

Nu	Actions	Dél?	Qui ?	Val ?	Priorité	Date limite	Client
1	faire synthèse Loeillet persp XXX	0			0		CL
2	relancer l'enquête miroir	0			1		AB
	répondre à Charles sur Pierard	0			2	05/07/2023	MJ
	tél Lebeau pour couverture aluminium	0			2		MU
	faire compte rendu gestion prévisionnelle vendredi 27	0			3	07/07/2023	RD
	péparer comité de sécurité du 18	1	AC	B	3		XL
	faire analyse masse salariale Octobre	1	BL	B	3		RD
	réfléchir extension bâtiment H	0			4		HG
	rédiger dossier investissement machine FG	1	JR	A	5		MJ
	recrutement adjoint	0			9		HG

On obtient ainsi le TAF total :

Exemple TAF total

Nu	Actions	Dél?	Qui ?	Val ?	Priorité	Date limite	Client
1	faire synthèse Loeillet persp XXX	0			0		CL
2	relancer l'enquête miroir	0			1		AB
3	répondre à Charles sur Pierard	0			2	05/07/2023	MJ
4	tél Lebeau pour couverture aluminium	0			2		MU
5	faire compte rendu gestion prévisionnelle vendredi 27	0			3	07/07/2023	RD
6	péparer comité de sécurité du 18	1	AC	B	3		XL
7	faire analyse masse salariale Octobre	1	BL	B	3		RD
8	réfléchir extension bâtiment H	0			4		HG
9	rédiger dossier investissement machine FG	1	JR	A	5		MJ
10	recrutement adjoint	0			9		HG

Pour obtenir le TAF hebdomadaire H, il ne reste plus qu'à déclencher l'affichage (voire éventuellement l'édition) en allant chercher sous le titre Mise en Page la fonction Définir. On ne sélectionnera que les actions de priorité 0,1,2 et 3, puis on cliquera sur Définir puis on passera éventuellement à l'édition en allant chercher la fonction Imprimer sous le titre Fichier.

Passage TAF total à TAF hebdo

Nu	Actions	Dél?	Qui ?	Val ?	Priorité	Date limite	Client
1	faire synthèse Loeillet persp XXX	0			0		CL
2	relancer l'enquête miroir	0			1		AB
3	répondre à Charles sur Pierard	0			2	05/07/2023	MJ
4	tél Lebeau pour couverture aluminium	0			2		MU
5	faire compte rendu gestion prévisionnelle vendredi 27	0			3	07/07/2023	RD
6	faire analyse masse salariale Octobre	1	BL	B	3		RD
7	péparer comité de sécurité du 18	1	AC	B	3		XL

Impression d'un TAF hebdomadaire

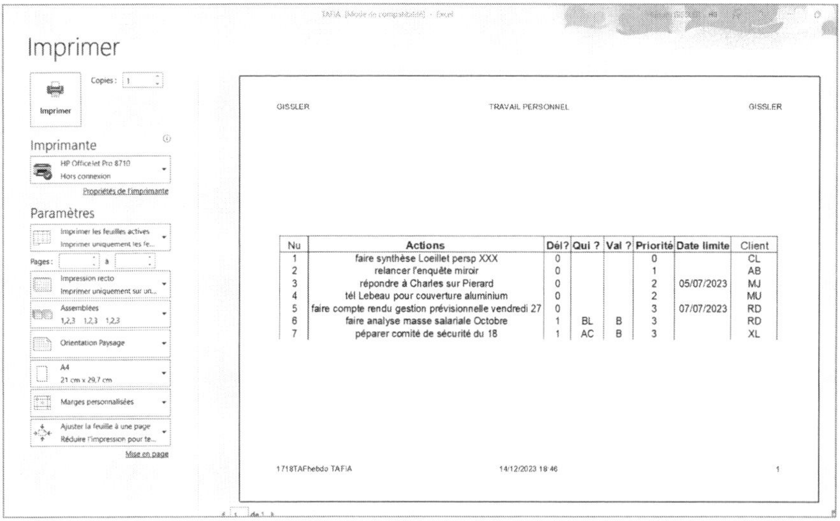

On pourra rester au niveau de la TAF H en quittant l'entreprise pour un week-end bien mérité !

Phase B : début de journée avec TAF

Après avoir étudié la procédure fin de semaine A, nous allons détailler les 3 procédures journalières : B (pour le début de journée), C (en cours de journée) et D (bilan fin de journée).

Puis, nous aborderons les légères spécificités de B le lundi matin et les légères spécificités de D le vendredi en fin de journée.

Le cas d'un début de journée courant (mardi, mercredi, jeudi, vendredi)

On part du TAF H mis à jour la veille.

Deux opérations sont à mener successivement pour pouvoir établir son TAF J, c'est-à-dire le programme du jour : traiter les actions stockées dans le TAF la veille en cours de journée et traiter les mails arrivés la veille en cours de journée (ainsi que le courrier papier).

À quoi ressemble un TAF H que l'on découvre en arrivant au bureau?

TAF début de journée

Nu	Actions	Dél?	Qui ?	Val ?	Priorité	Date limite	Client
	demander retour Loeillet sur synthèse	**0**					**CL**
	rentrer codes méthodes dans Shawware	**1**	**CB**	**C**			**ML**
	tél Lebeau pour couverture aluminium	0			2		MU
	faire compte rendu gestion prévisionnelle vendredi 27	0			3	07/07/2023	RD
	envoyer convocations CA	0			3		HG

On y trouve plusieurs types d'actions :

- des actions de priorité 3, qui n'ont donc pas encore été sélectionnées dans un TAF J;
- éventuellement des actions de priorité 2. Ce serait des actions du programme de la veille que l'on n'a pas réussi à faire;
- probablement en caractères gras des actions nouvellement inscrites la veille et n'ayant pas encore reçu de priorité (car considérées comme non urgentes).

La première chose à faire est de leur affecter une priorité ~~et~~ puis de les remettre en caractères normaux (elles ne seront plus nouvelles pour la journée à venir). De cette façon, elles vont rentrer dans le rang.

TAF H début de journée après banalisation des actions inscrites la veille sans affectation de priorité

Nu	Actions	Dél?	Qui ?	Val ?	Priorité	Date limite	Client
	demander retour Loeillet sur synthèse	0			1		CL
	tél Lebeau pour couverture aluminium	0			2		MU
	faire compte rendu gestion prévisionnelle vendredi 27	0			3	07/07/2023	RD
	rentrer codes méthodes dans Shawware	1	CB	C	3		ML
	envoyer convocations CA	0			3		HG

Maintenant, il faut intégrer dans le TAF H (voire le TAF T) toutes les actions générées par les mails arrivés la veille et que l'on va maintenant découvrir sur sa messagerie.

À cette fin, dès que vous arrivez dans votre bureau, traitez vos mails du jour, dont la plupart datent de la veille. C'est la même démarche, bien que plus limitée donc plus rapide, que celle vue lors de la phase A, la phase d'initialisation de la méthode TAF en fin de semaine.

Vous vous poserez à chaque mail découvert les 2 questions habituelles :

- Ce mail m'apporte-t-il de l'information à stocker ?
- Ce mail doit-il déclencher chez moi une action (ou plusieurs) ?

Ces 2 questions débouchent sur 4 cas de figure, pour chacun desquels la marche à suivre est évidente :

- **Cas 1 :** le mail n'apporte pas d'information à stocker et ne doit déclencher aucune action. Une simple visualisation pour la mémorisation suffit avant d'archiver le mail.
- **Cas 2 :** le mail apporte de l'information à stocker et ne doit déclencher aucune action. Il faut incorporer cette information dans un des fichiers de la base de travail (répertoire, agenda, bibliothèque électronique). La plupart du temps, il faudra aller dans votre bibliothèque électronique pour stocker une pièce jointe d'un message. De retour sur votre messagerie – que vous aurez gardé en ligne – archivez le mail (pour plus de détail sur ce flip flop entre messagerie et bibliothèque électronique, voir dans ce même chapitre au paragraphe Phase A).

- **Cas 3 :** le mail n'apporte pas d'information à stocker mais doit déclencher une action. Il faut inscrire une (ou plusieurs) action dans la TAF en allant de votre messagerie vers votre bibliothèque électronique puis, de retour sur votre messagerie, archiver le mail.
- **Cas 4 :** le mail apporte de l'information à stocker et doit déclencher une action. Il faut à la fois incorporer cette information dans un des fichiers de la base de travail et inscrire une (ou plusieurs) action dans la TAF en allant de votre messagerie vers votre bibliothèque électronique puis, de retour sur votre messagerie, archiver le mail.

Puis, enchaînez avec le courrier papier reçu la veille. Le volume du courrier papier a beaucoup baissé ces dernières années et on peut se demander si ce vecteur sera encore utilisé dans quelques années. La grande majorité du courrier papier reçu n'est qu'informative mais vous devez quand même lui réserver le même traitement que les mails : transcription dans la base de travail si nécessaire puis élimination. Tout document papier inférieur à 2 pages et possédant une information à stocker doit être scanné pour pouvoir être enregistré sous forme électronique, gagner de la place et être retrouvé plus aisément.

Vous noterez que vous analysez le courrier reçu la veille, car le courrier du jour arrive en cours de journée, donc trop tard pour être analysé en début de journée (le train est lancé lorsque le courrier du jour vous est remis ; donc pas question de vous déconcentrer par un nouveau travail d'ordonnancement). Ce léger décalage est tout à fait acceptable car une fois encore le courrier papier n'est plus de nos jours un vecteur important concernant les actions urgentes à enclencher et ce que l'on privilégie ici c'est l'absence de rupture dans votre activité. Vous n'avez droit qu'à une fenêtre d'ordonnancement et une seule : en début de journée, et ensuite, place à l'action !! Le courrier du jour reçu à 11 heures ne doit pas vous stopper dans votre action, il attendra la fenêtre d'ordonnancement suivante, c'est-à-dire le lendemain matin.

Cette phase d'ordonnancement dure environ 15 minutes. Pendant cette dernière, résistez à la tentation de faire une action, même évidente et quasi-instantanée.

Même si une action semble nécessiter moins de deux minutes pour sa réalisation, elle ne doit pas être engagée sans avoir préalablement été enregistrée dans le TAF, sans aussi que vous ayez constitué la totalité de votre TAF. Non, vous ne devez faire d'abord que de l'ordonnancement pour ensuite vous transformer en machine à actions, mais seulement dans un deuxième temps.

L'action – apparemment évidente et rapide à exécuter – doit être traitée exactement comme les autres : si elle s'est vue attribuée une priorité 0,1 ou 2, elle doit être réalisée dans la journée, sinon elle attendra dans le bas du TAF de passer en priorité 0, 1 ou 2 pour faire partie du programme d'un jour donné (à quoi sert d'ailleurs de faire des actions rapides si elles sont non urgentes ? C'est toujours la priorité qui doit primer, pas la facilité !). Dans tous les cas, une fois réalisée, elle doit aussi passer comme les autres en italique jusqu'à sa suppression le soir pour que l'on puisse en prendre pleinement conscience et se souvenir qu'elle a été faite. Si vous omettez cet enregistrement dans le TAF, il est possible que vous ne mémorisiez pas sa réalisation et que vous perdiez du temps plus tard en vous posant la question de sa réalisation ou de sa non-réalisation. Et quelle image donneriez-vous à un interlocuteur qui vous questionne sur cette action si vous ne vous rappelez plus si elle a été faite ou pas !

Dans cette optique, la méthode TAF vous demande également de résister à la tentation de répondre immédiatement à un mail lu ! Il faut impérativement passer par l'inscription d'une action dans le TAF du genre « répondre à X sur problème Y » à des fins de mémorisation et de non-mélange de périodes d'ordonnancement et d'action pour votre cerveau ! Vous évitez ainsi ces guirlandes interminables de mails ou les réponses apportées à ceux traitant d'autres questions avec bien souvent des objets non adéquats mais que l'on utilise juste pour récupérer le contact de la personne à qui on veut envoyer le message. J'ajoute aussi que l'inscription obligatoire dans le TAF vous permet de ne pas répondre à chaud, instinctivement : vous vous apercevrez rapidement que la qualité de vos réponses va soudain être améliorée, juste par ce détour dans le TAF. Au lieu de tourner sept fois votre langue dans votre bouche, vous inscrivez une réponse considérée à tort comme immédiate dans le TAF, fût-ce en priorité 0.

Cette phase d'ordonnancement doit se dérouler dans un calme absolu et sans perturbation extérieure. Vous devez indiquer aux autres d'une façon ou d'une autre que vous n'êtes pas disponible. Ce n'est pas si facile dans un bureau en open space et même si vous disposez d'un bureau fermé, vous ne pourrez pas toujours éviter le collègue, bien que poli ou sympa, qui vient vous dire bonjour ou échanger quelques impressions sur ses activités personnelles de la veille. Ces interruptions, même bienveillantes, vont générer une rupture malencontreuse alors que vous avez besoin d'unité, de cohérence, de concentration.

La solution peut être de décaler vos heures d'arrivée dans l'entreprise. Si vous en avez la possibilité, arrivez un quart d'heure avant les autres, ce qui vous permet d'avoir déjà sous les yeux votre TAF J au moment de leur arrivée. Vous accueillerez alors bien mieux leurs considérations sur le film ou les embouteillages de la veille.

À la limite, vous pouvez aussi mettre au point votre TAF J si vous prenez un transport en commun ou même chez vous, si la consultation de vos mails professionnels y est possible, ce qui est maintenant en général la règle.

L'important est de recevoir ensuite les évènements, quels qu'ils soient – demandes des collègues, incidents, relance, convocation à la direction – en étant déjà préparé et organisé.

À la fin de ce travail, votre TAF hebdomadaire devrait être exhaustif.

TAF H début de journée après traitement des mails de la veille

Nu	Actions	Dél?	Qui ?	Val ?	Prioritè	Date limite	Client
	demander retour Loeillet sur synthèse	0			1		CL
	tél Lebeau pour couverture aluminium	0			2		MU
	faire compte rendu gestion prévisionnelle vendredi 27	0			3	07/07/2023	RD
	rentrer codes méthodes dans Shawware	1	CB	C	3		ML
	envoyer convocations CA	0			3		HG
	fixer rendez vous pour Duchemin	1	MJ	A	1		HG
	péparer comité de sécurité du 18	1	AC	B	1		XL
	rédiger flash hebdo	1	MJ	B	2		HG
	désigner un correspondant pour groupe de travail X	0			3		AB
	rédiger compte rendu réunion XYZ	0			3		HG

Vous procèderez alors à un tri par priorité, une renumérotation et l'édition des seules actions de priorité 0,1 et 2 pour obtenir votre TAF J, qui va vous permettre de passer à l'action.

TAF J1 de départ

Nu	Actions	Dél?	Qui ?	Val ?	Prioritè	Date limite	Client
1	demander retour Loeillet sur synthèse	0			1		CL
2	fixer rendez vous pour Duchemin	1	MJ	A	1		HG
3	péparer comité de sécurité du 18	1	AC	B	1		XL
4	tél Lebeau pour couverture aluminium	0			2		MU
5	rédiger flash hebdo	1	MJ	B	2		HG

Rappelons une fois encore que pour assurer une certaine qualité des captures d'écran le programme présenté est probablement moins copieux que dans la réalité.

Vous pouvez aussi, si vous en ressentez le besoin, jauger le volume du contenu sélectionné. Vous paraît-il suffisant par rapport à vos disponibilités de la journée vues dans votre agenda ? Si ce n'est pas le cas, vous pourrez passer des actions initialement en 3 en 2 pour enrichir votre programme du jour.

Initialement, votre TAF J comportait 5 actions. Une lecture de votre agenda vous amène à penser que vous pouvez alourdir votre TAF J avec deux actions supplémentaires : les actions 6 et 7.

Exemple de journée de la semaine à forte disponibilité dans l'agenda

Rajout actions suite à consultation agenda

Nu	Actions	Dél?	Qui ?	Val ?	Priorité	Date limite	Client
1	demander retour Loeillet sur synthèse	0			1		CL
2	fixer rendez vous pour Duchemin	1	MJ	A	1		HG
3	péparer comité de sécurité du 18	1	AC	B	1		XL
4	tél Lebeau pour couverture aluminium	0			2		MU
5	rédiger flash hebdo	1	MJ	B	2		HG
6	faire compte rendu gestion prévisionnelle vendredi 27	0			2		RD
7	rentrer codes méthodes dans Shawware	1	CB	C	2		ML

Évidemment, cela fonctionne dans les deux sens. Vous pouvez, à la lecture de votre agenda, estimer que vous avez eu la main lourde, que le programme du jour est trop copieux par rapport à vos disponibilités et dans ce cas faire passer des actions de 2 en 3.

Initialement, votre TAF J comportait 5 actions. Une lecture de votre agenda vous amène à penser que vous devez alléger votre TAF J en passant deux actions de la priorité 2 à la priorité 3 : les actions 4 et 5.

Exemple de journée de la semaine à faible disponibilité dans l'agenda

Suppression actions suite à consultation agenda

Nu	Actions	Dél?	Qui ?	Val ?	Priorité	Date limite	Client
1	demander retour Loeillet sur synthèse	0			1		CL
2	fixer rendez vous pour Duchemin	1	MJ	A	1		HG
3	péparer comité de sécurité du 18	1	AC	B	1		XL

Les spécificités du lundi matin

Le lundi est tout de même un jour particulier, car c'est le lancement de la semaine. Le tout début de journée peut permettre de recueillir des informations précieuses, puisque tout votre environnement est dans le même état d'esprit, celui de lancer la semaine.

Si vous êtes membre du comité de direction, vous serez probablement invité à une réunion de lancement de la semaine. Si vous n'êtes pas membre du comité de direction vous allez voir vos collègues lancer leur semaine à eux.

Au cours de ces évènements, vous allez glaner des informations nouvelles, des priorités vont être confirmées ou infirmées. Alors laissez-vous une chance pour intégrer ces informations fraîches dans la constitution du TAF J, qui collera ainsi d'autant plus avec le terrain.

D'autre part, c'est le seul jour de la semaine où vous n'avez pas de consultation de la boîte de réception des mails à faire puisque vous avez vraiment été au bout du bout le vendredi après-midi.

Il y a enfin une autre particularité le premier jour de la semaine (généralement le lundi) : dans votre TAF, vous ne trouverez aucune action nouvelle survenue pendant la journée précédente puisque la semaine vient tout juste de commencer.

Vous pouvez donc décaler la production du TAF J à partir du TAF H au milieu de matinée, mais pas plus. Par exemple si vous participez à une réunion de lancement de la semaine avec les autres membres du comité de direction, il vous suffit donc de vous y présenter avec votre TAF H éditée le vendredi après-midi précédent sous les yeux et d'en tirer votre TAF J à l'issue de la réunion. Vous pouvez même rester dans la salle de réunion, maintenant désertée, de façon à réaliser ce travail dans un calme absolu.

Mais si, par contre, vous participez à une réunion de service plus tard dans la journée, par exemple l'après-midi, il est inutile de surseoir à la fabrication de votre TAF J à partir de votre TAF H. Les informations recueillies lors de cette réunion de service seront plutôt prises en compte lors de vos choix au moment de la fabrication du TAF J le mardi matin.

Après avoir intégré les informations de lancement de semaine dans votre TAF, triez à nouveau par priorité (certaines ont pu changer) et renumérotez. Pour finir, imprimez les actions en 0, 1 ou 2 pour obtenir votre programme de travail du jour, comme un autre jour de la semaine.

Si vous êtes chef de service, vous allez souvent prolonger la réunion de lancement de la semaine pour le comité de direction par une réunion de service avec vos collaborateurs N-1, qui se tiendra éventuellement en deuxième partie de matinée ou plus vraisemblablement en début d'après-midi. Appuyez-vous bien sûr sur votre TAF hebdomadaire pour l'animer et répartir le travail.

La répartition du travail peut d'ailleurs être largement facilitée en distribuant des extraits de votre propre TAF.

Cette fois, triez votre TAF avec comme critère majeur la zone « Qui ? » en colonne D, les deux autres critères suivants restant les mêmes à savoir Priorité (colonne F) et Date limite (colonne G).

TAF triée par collaborateur

Nu	Actions	Dél?	Qui ?	Val ?	Priorité	Date limite	Client
1	demander retour Loeillet sur synthèse	0			1		CL
2	fixer rendez vous pour Duchemin	1	MJ	A	1		HG
3	péparer comité de sécurité du 18	1	AC	B	1		XL
4	tél Lebeau pour couverture aluminium	0			2		MU
5	rédiger flash hebdo	1	MJ	B	2		HG
6	faire compte rendu gestion prévisionnelle vendredi 27	0			2		RD
7	rentrer codes méthodes dans Shawware	1	CB	C	2		ML

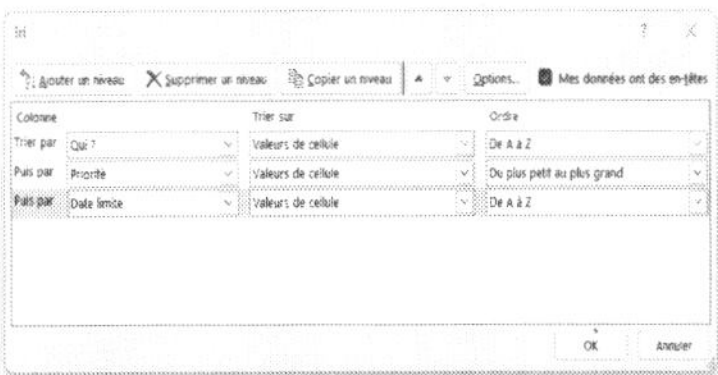

Vous pouvez ainsi distribuer ces sous-TAF* par interlocuteur et les commenter en séance si besoin est, puis dans la foulée fixer des rendez-vous particuliers quasi-immédiats, par exemple pour réaliser les phases de validation A dans les processus de délégation.

Sous TAF par collaborateur

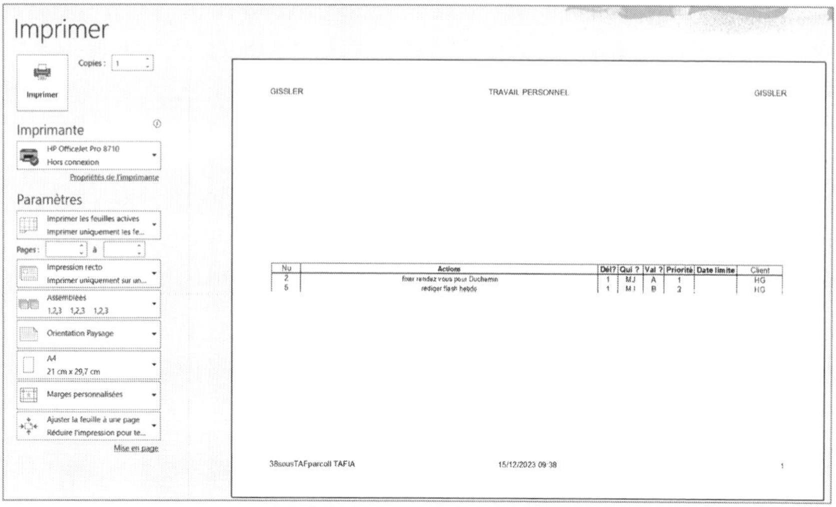

Progressivement, vous verrez que vos collaborateurs seront intrigués par votre nouvelle façon de travailler et que certains d'entre eux voudront utiliser eux aussi cette mystérieuse méthode TAF, dont ils ont déjà noté les effets bénéfiques chez vous.

Ce sont des exemples du rapprochement auprès de vos collaborateurs que la méthode TAF peut vous permettre de faire. Il est sûr qu'utiliser le même outil rapproche, permet de mieux se comprendre et accroît l'efficacité totale d'un groupe.

Je ne vais pas aller jusqu'à dire que la méthode TAF est un outil collaboratif puisque chacun possède son propre TAF mais il est indéniable qu'elle devient très vite un outil de partage !

Phase C : pendant la journée avec TAF

Une fois la phase B terminée, vous vous attaquez résolument à votre programme d'actions, à effectuer les unes après les autres, dans l'ordre, sans vous poser de questions (voir chapitre II paragraphe 7, la rigueur d'un processus plutôt que les biais cognitifs et les drivers).

Quand une action est réalisée en cours de journée, ne l'effacez pas du TAF : passez-la seulement en italique et posez-vous immédiatement la question suivante : maintenant que cette action est réalisée rend-elle possible la réalisation d'une ou de plusieurs autres actions? Si oui, cette action possible (ou ces actions possibles) doit (doivent) être directement inscrite(s) dans le TAF, sans forcément de priorité : **c'est la fameuse réaction en cascade de la méthode TAF**.

Ce qui compte, c'est d'inscrire l'action suivante puisque de toutes les façons sa priorité doit être définie au plus tard le lendemain matin dès votre arrivée dans l'entreprise (ou votre mise au travail si vous êtes en télétravail) et cela suffit bien (sauf en cas d'urgence où on lui affecte immédiatement la priorité 0).

Par exemple, vous avez démarré avec la TAF J ci-dessous.

TAF de départ

Nu	Actions	Dél?	Qui ?	Val ?	Priorité	Date limite	Client
1	faire synthèse Loeillet persp XXX	0			0		CL
2	relancer l'enquête miroir	0			1		AB
3	rentrer les codes dans Shawware	1	CB	A	1		HG
4	tél Lebeau pour couverture aluminium	0			1		MU
5	rédiger dossier investissement machine FG	1	JR	A	1		MJ
6	faire compte rendu gestion prévisionnelle vendredi 27	0			2	07/07/2023	RD
7	répondre à Charles sur Pierard	0			2	05/07/2023	MJ
8	péparer comité de sécurité du 18	1	AC	B	2		XL
9	recrutement adjoint	0			2		HG
10	faire analyse masse salariale Octobre	1	BL	B	2		RD

Qu'est-elle devenue après la réalisation des trois premières actions?

TAF J1 en cours (1)

Nu	Actions	Dél?	Qui ?	Val ?	Priorité	Date limite	Client
1	*faire synthèse Loeillet persp XXX*	*0*			*0*		*CL*
	demander retour Loeillet sur synthèse						*CL*
2	*relancer l'enquête miroir*	*0*			*1*		*AB*
3	*rentrer les codes dans Shawware*	*1*	*CB*	*A*	*1*		*HG*
	rentrer les codes dans Shawware	***1***	***CB***	**C**			**HG**
4	tél Lebeau pour couverture aluminium	0			1		MU
5	rédiger dossier investissement machine FG	1	JR	A	1		MJ
6	faire compte rendu gestion prévisionnelle vendredi 27	0			2	07/07/2023	RD
7	répondre à Charles sur Pierard	0			2	05/07/2023	MJ
8	péparer comité de sécurité du 18	1	AC	B	2		XL
9	recrutement adjoint	0			2		HG
10	faire analyse masse salariale Octobre	1	BL	B	2		RD

- L'action 1 («faire synthèse Loeillet persp. XXX») a été réalisée, donc elle est passée en italique, sans être effacée. Par contre, vous savez que votre synthèse n'est pas bonne du premier coup et qu'il vous faut solliciter les remarques de son commanditaire. Donc, tout de suite, inscrivez une nouvelle action en caractère gras avec un libellé comme : « demander retour Loeillet sur synthèse ». Il n'est pas nécessaire à ce stade de lui affecter une priorité.

- L'action 2 (« relancer l'enquête miroir ») est réalisée, donc elle passe en italique, sans être effacée. Elle ne génère pas d'autre action. Vous avez fait le travail.
- L'action 3 (« rentrer les codes dans Shawware ») a été déléguée à CB, donc elle passe en italique, sans être effacée. Par contre, vous savez que déléguer ne suffit pas. Comme on dit souvent : la délégation n'exclut pas le contrôle (on pourrait même dire que plus vous déléguez plus vous avez à contrôler). Donc, tout de suite, inscrivez en caractères gras une nouvelle action, en gardant le libellé de l'action mais en la passant en phase de validation B ou C. Si l'action consiste en une simple exécution on peut passer directement en C, c'est-à-dire postérieurement à la mise en place de l'action. Si l'action comporte une phase de réflexion, on ne fait pas l'économie de la validation B : elle consiste avant la mise en place de la solution à en valider les termes. Ici, il apparaît que vous déléguez une opération probablement connue, que le délégataire saura exactement quoi faire, donc vous passez directement en phase de validation C, c'est-à-dire la vérification directe du travail effectué. Si vous donnez un délai à votre délégataire, vous pouvez inscrire ce délai dans la date limite, afin d'être tous les deux synchrones. Il n'est pas nécessaire à ce stade de lui affecter une priorité.

Il est essentiel d'acquérir rapidement le réflexe de déclencher l'effet cascade de la méthode TAF. Au niveau des actions déléguées (les plus nombreuses possibles), cela est plus facile puisqu'on sait qu'une action en validation A (lancement de la délégation) a forcément une ou deux suites (phase de validation C, voire phase de validation B elle-même suivie d'une phase de validation C) mais même dans le cas où c'est vous et vous seul qui avez la main, il faut acquérir ce réflexe. Par exemple, vous venez de rédiger une demande précise à un fournisseur : vous devez aussitôt inscrire dans votre TAF une action comme « suivre la réponse du fournisseur X », probablement avec la priorité 3 ou 4. Par la suite, ne vous en souciez plus, puisque c'est dans le TAF, qui, en agissant comme un pense-bête, soulage ainsi votre cerveau de ce rôle de relance.

D'autre part, si des urgences non inscrites dans la liste de début de journée surviennent, insérez-les sans problème comme des actions en 0 et écrivez-les en caractères gras, comme toute nouvelle action inopinée.

Ci-dessous, voici l'exemple où vous apprenez qu'un mouvement de grève est annoncé et qu'il devient urgent de rencontrer le délégué syndical pour calmer le jeu.

Traitement d'une urgence survenue en cours de journée

Nu	Actions	Dél?	Qui ?	Val ?	Priorité	Date limite	Client
	rencontrer délégué syndical	**0**			**0**		**HG**
1	*faire synthèse Loeillet persp XXX*	*0*			*0*		*CL*
	demander retour Loeillet sur synthèse						*CL*
2	*relancer l'enquête miroir*	*0*			*1*		*AB*
3	*rentrer les codes dans Shawware*	*1*	*CB*	*A*	*1*		*HG*
	rentrer les codes dans Shawware	***1***	***CB***	**C**			**HG**
4	tél Lebeau pour couverture aluminium	0			1		MU
5	rédiger dossier investissement machine FG	1	JR	A	1		MJ
6	faire compte rendu gestion prévisionnelle vendredi 27	0			2	07/07/2023	RD
7	répondre à Charles sur Pierard	0			2	05/07/2023	MJ
8	péparer comité de sécurité du 18	1	AC	B	2		XL
9	recrutement adjoint	0			2		HG
10	faire analyse masse salariale Octobre	1	BL	B	2		RD

Maintenant que se passe-t-il si, en milieu d'après-midi, vous avez épuisé votre liste initiale TAF J, qui jusqu'alors aura été votre feuille de route de la journée ?

Transformez tout simplement des actions initialement en priorité 3 en 2 et écrivez-les là aussi en caractères gras. De cette façon, vous rechargez votre TAF J.

Une action, repérée 11, a été passée de la priorité 3 à la priorité 2. Ainsi, votre nouveau TAF J devient :

Exemple de rechargement de la TAF

Nu	Actions	Dél?	Qui ?	Val ?	Priorité	Date limite	Client
	rencontrer délégué syndical	***0***			***0***		***HG***
1	*faire synthèse Loeillet persp XXX*	*0*			*0*		*CL*
	demander retour Loeillet sur synthèse						*CL*
2	*relancer l'enquête miroir*	*0*			*1*		*AB*
3	*rentrer les codes dans Shawware*	*1*	*CB*	*A*	*1*		*HG*
	rentrer les codes dans Shawware	***1***	***CB***	**C**			**HG**
4	*tél Lebeau pour couverture aluminium*	*0*			*1*		*MU*
5	*rédiger dossier investissement machine FG*	*0*			*1*		*MJ*
6	*faire compte rendu gestion prévisionnelle vendredi 27*	*0*			*2*	*07/07/2023*	*RD*
7	*répondre à Charles sur Pierard*	*0*			*2*	*05/07/2023*	*MJ*
8	*péparer comité de sécurité du 18*	*0*			*2*		*XL*
9	*recrutement adjoint*	*0*			*2*		*HG*
10	*faire analyse masse salariale Octobre*	*0*			*2*		*RD*
11	**étudier extension bâtiment X**	**0**			**2**		**HG**

Il ne m'apparaît pas nécessaire de vous recommander la consultation de vos mails en cours de journée car de ce fait, vous provoqueriez une rupture (ce n'est pas la même partie de votre cerveau qui doit être concentrée dans un travail d'organisation ou dans un travail de réalisation) et que de toutes les façons vous allez les lire tous, le lendemain matin, à la première heure.

Vous serez sans doute surpris par cette recommandation car beaucoup consultent leur boîte de réception plusieurs fois par jour (sans forcément d'ailleurs traiter les mails nouveaux). Cela relève plutôt de la volonté de distraire un peu son cerveau, de ne pas se concentrer à fond sur le travail à réaliser. D'autre part, rien d'urgent – dans le sens à réaliser immédiatement en laissant tomber tout le reste – n'arrive jamais via la boîte mail. Les urgences arrivent par un autre canal : votre chef se plante devant vous tout excité, le grand directeur vous téléphone du siège, un collègue mécontent fait irruption dans votre bureau. La notion d'urgence éventuellement véhiculée dans le texte d'un mail par l'émetteur (qui veut donner de l'importance à son mail en en soulignant le caractère d'urgence) est en général une urgence relative, qui se compte en nombre de jours et pas en nombre d'heures voire de minutes.

Une consultation complète de la boîte de réception des mails une seule fois par jour, à l'arrivée dans l'entreprise le matin par exemple, est donc largement suffisante. L'efficacité doit venir du traitement à fond des mails et de la réalisation des actions qui en découlent et non pas de consultations incessantes de ces derniers qui ne seront pas traités systématiquement puis archivés comme avec TAF mais traités de façon aléatoire, un peu selon vos goûts et en étant probablement attiré par les mails plus simples.

Les consultations répétées des mails sont une preuve de facilité et traduisent une absence de profondeur. On succombe au poison de l'activisme tout crin, de l'instantanéïsme, sans se rendre compte que c'est au détriment de la réflexion et de l'efficacité.

Si vraiment vous êtes incapable de vous concentrer sur vos actions, qu'il vous faut être titillés par des sollicitations externes de façon régulière (pourtant vous n'en manquez pas !), autorisez-vous une consultation au retour du déjeuner, consultation qui sera peut-être suivie d'une légère mise à jour de votre TAF J. Mais je ne vous l'officialise pas dans le processus de la méthode car je considère cela comme une facilité et pas comme une nécessité.

Phase D : fin de journée

Avant de finir votre journée, réalisez un bilan très rapide de celle-ci en visualisant rapidement votre TAF J.

Cette opération est à réaliser 4 fois en fin de journée, les lundi, mardi, mercredi et jeudi et 1 fois en milieu d'après-midi le vendredi puisqu'avec la méthode TAF une semaine se termine au milieu de l'après-midi du vendredi et non pas en fin de journée du vendredi.

Vous allez trouver les actions suivantes dans votre TAF J :

- *En italique* : les actions qui devaient être réalisées et qui l'ont effectivement été. Ce sont les plus nombreuses.
- En caractères normaux : les actions qui devaient être réalisées mais qui ne l'ont pas été.
- ***En caractères gras et en italique de priorité 0*** : les actions nées en cours de journée, considérées comme prioritaires et réalisées.
- **En caractères gras sans priorité** : des actions nées en cours de journée, non considérées comme prioritaires, qui ont été juste inscrites dans le TAF pour mémoire et qui n'ont pas encore reçu de priorité.

Par exemple, vous pourriez vous retrouver en présence de la TAF J suivante.

Bilan de fin de journée

Nu	Actions	Dél?	Qui ?	Val ?	Priorité	Date limite	Client
	rencontrer délégué syndical	***0***			***0***		***HG***
1	*faire synthèse Loeillet persp XXX*	*0*			*0*		*CL*
	demander retour Loeillet sur synthèse						CL
2	*relancer l'enquête miroir*	*0*			*1*		*AB*
3	*rentrer les codes dans Shawware*	*1*	*CB*	*A*	*1*		*HG*
	rentrer les codes dans Shawware	***1***	**CB**	**C**			**HG**
4	*tél Lebeau pour couverture aluminium*	*0*			*1*		*MU*
5	*rédiger dossier investissement machine FG*	*0*			*1*		*MJ*
6	*faire compte rendu gestion prévisionnelle vendredi 27*	*0*			*2*	*07/07/2023*	*RD*
7	*répondre à Charles sur Pierard*	*0*			*2*	*05/07/2023*	*MJ*
8	*péparer comité de sécurité du 18*	*0*			*2*		*XL*
9	recrutement adjoint	0			2		HG
10	faire analyse masse salariale Octobre	0			2		RD

En début de journée, 10 actions étaient prévues à réaliser (dont 1 urgente avec la priorité 0 et 4 prioritaires avec la priorité 1).

Que s'est-il réellement passé dans la réalité ?

D'abord, prenez conscience des actions en gras, c'est-à-dire les actions non prévues qui sont apparues au cours de la journée. Il y en a 3, mais avec deux natures très différentes.

En effet, une d'entre elles seulement peut être considérée comme potentiellement perturbatrice car repérée comme une urgence et donc traitée immédiatement de préférence à des actions déjà inscrites dans la TAF J : elle est en italique («rencontrer délégué syndical»). Reconnaissez qu'elle ne vous a gêné en rien, tant votre TAF s'est révélé flexible et modulable en la circonstance. Elle ne remet pas en cause le programme de travail décidé le matin, qui est juste légèrement amendé. En général, les actions non détectées le matin, qui apparaissent en cours de journée et devant impérativement être réalisées dans la journée, représentent moins de trente pour cent de votre programme. Ici, une action sur 10, soit 10 % de perturbation : ce n'est rien !

Les deux autres découlent de la réalisation d'actions prévues (actions 1 et 3). Non urgentes, elles sont juste inscrites dans le TAF pour mémoire et n'ont pas encore reçu de priorité (demain sera un autre jour !).

Mais, surtout, considérez les actions en caractères normaux passées en italique : ce sont les actions qui ont été réalisées. 8 sur 10 ont été réalisées (actions 1, 2, 3, 4, 5, 6, 7, 8, ce qui est un excellent résultat). En général, les actions prévues le matin et réalisées en cours de journée représentent plus de soixante-dix pour cent de votre programme. Ici, le taux de réalisation des actions prévues est de 80 %.

Il y a aussi un autre indicateur intéressant : le taux de réalisation des actions, prévues ou non. Vous avez aussi réalisé une action urgente non prévue («rencontrer délégué syndical»), ce qui porte à 9 le nombre d'actions réalisées (dont 8 prévues), alors que le nombre d'actions prévues le matin était de 10. On peut donc dire que votre taux de réalisation est de 90 %.

C'est un excellent résultat, qui montre que le TAFiste* débutant que vous êtes a déjà pris la mesure de ses capacités de réalisation. Il n'y a pas lieu de se réguler davantage car la régulation se fait toute seule.

Sans la méthode TAF, vous auriez terminé votre journée en gardant en mémoire les 20 % des actions non réalisées avec un potentiel sentiment de découragement. Avec la méthode, vous gardez en mémoire les 80 % réalisés d'où un sentiment de puissance, de travail rondement mené, de progrès !

Vous pouvez être fier de vous et c'est avec un sentiment de bonheur que maintenant vous pouvez supprimer définitivement du TAF les actions réalisées actuellement en italique. Vous pouvez même vous auto-féliciter en prenant votre main gauche dans votre main droite.

Voici le dernier sentiment qui doit être ressenti avant de quitter l'entreprise et de profiter de votre soirée : ce sentiment d'avoir mené votre barque, d'avoir progressé, d'avoir avancé.

Phase E : ré-initialisation totale en fin de semaine

À la fin de chaque semaine, vous consacrerez un moment à remettre à jour la totalité du TAF, toutes priorités confondues.

Vos sources nouvelles d'information, en ce qui concerne les mails, seront seulement ceux de la journée du vendredi (puisque votre dernier traitement de mails date du vendredi matin lors d'une phase B), c'est-à-dire pas grand-chose.

Vous serez surpris du peu de temps nécessaire à ce survol complet. Dix minutes, vingt minutes ? Pourquoi ? Parce que vous connaissez déjà ce TAF total. Vous l'avez déjà analysé il y a une semaine et vous l'avez enrichi au fur et à mesure de la semaine par des actions à faire, déclenchées par l'arrivée d'évènements. Donc vous aurez très peu de nouvelles actions à ajouter.

Jetez un œil sur votre agenda avec les grandes échéances déjà programmées pour la semaine à venir. Avez-vous des actions préparatoires à réaliser ? Si oui vous les rajouter dans votre TAF et c'est tout...

Jetez aussi un œil sur les GANTT* des projets dont vous êtes partie prenante. Pouvez-vous définir des actions permettant d'accélérer les tâches qui vous incombent ? Si oui vous les rajouter dans votre TAF et c'est tout...

Selon votre activité, votre TAF contiendra de dix à soixante actions. Lorsque j'étais PDG, je tournais autour de soixante actions, dont une dizaine était en priorité 9, c'est-à-dire pour mémoire. Ce sentiment de maîtrise qui s'empare de vous avec la connaissance en arrière-plan par votre cerveau de ce plan d'actions global et exhaustif est incroyable. La semaine suivante vous réaliserez des actions ponctuelles certes mais chacune prendra tout son sens par rapport à ce panorama général, consciemment ou inconsciemment toujours présent.

Le travail principal en cette fin de semaine est plus un travail de mise à jour. Au-delà de l'intégration de quelques nouvelles actions, il vous faut surtout revoir toutes les priorités des actions déjà enregistrées qui ont pu évoluer en fonction des circonstances. La conjonction de ces deux actions vous permet d'obtenir un TAF total à jour.

Dans un deuxième temps, vous sélectionnerez uniquement les actions 0,1,2 et 3 pour constituer le programme de la semaine à venir, que vous pouvez éditer si vous en éprouvez le besoin.

Ça y est : vous êtes déjà prêt pour les réunions de lancement de la semaine prochaine. Autofélicitez-vous et partez profiter pleinement de votre week-end !

Pour finir, notons bien la complémentarité entre TAF et l'agenda. On peut trouver dans TAF une action comme « fixer une date de réunion avec X » ou « trouver un créneau d'appel téléphonique avec Y ». Une fois la date de la réunion ou le créneau d'appel téléphonique fixés, ils seront inscrits dans l'agenda et les actions seront passées en italique (puis supprimées le soir) dans le TAF. Il n'y a jamais doublon entre les deux outils. L'agenda est réservé aux actions fixées dans le temps, le TAF aux actions identifiées gérées par leur priorité relative et non pas par leur positionnement à une date fixe.

CHAPITRE 4

Pour aller plus loin avec TAF

Les bienfaits de la méthode TAF

Cela fait maintenant plusieurs semaines que vous avez adopté la méthode TAF. Il est temps de faire un bilan, de voir ce qui a changé, de voir si vous-même avez changé.

À cette fin, réalisez donc le test ci-après.

Test de prise en mains de la méthode TAF

Rep	Affirmation	Jamais	Rarmnt	Parfois	Svnt	Tjrs
1	J'ai le sentiment de piloter ma journée	0	1	2	4	5
2	Je sais toujours quelle action suivante je dois faire					
3	J'ai de moins en moins de ruptures dans mon travail					
4	Je ne suis pas effrayé par une tâche supplémentaire					
5	Je pense systématiquement à déléguer					

Rep	Affirmation	Jamais	Rarmnt	Parfois	Svnt	Tjrs
6	J'ai l'impression d'avoir plus de temps					
7	J'ai une bonne vision de la totalité de mon travail restant					
8	Je ne refuse plus totalement aucune tâche					
9	Mes collaborateurs me posent des questions sur TAF					
10	J'ai beaucoup moins de relances de la part de mes interlocuteurs					
11	Mon bureau est mieux rangé					
12	En fin de journée j'ai le sentiment d'avoir avancé					

Vous vous attribuez 0 point si vous répondez rarement, 1 point si vous répondez rarement, 2 si vous répondez Parfois, 4 si vous répondez Souvent et 5 si vous répondez « Toujours ».

Le score maximal est 60.

- Si vous avez obtenu plus de 50 : vous profitez d'ores et déjà pleinement des bienfaits de TAF. Vous êtes devenus un TAFiste* capable de convaincre les personnes de votre entourage de l'adopter.
- Si vous avez obtenu entre 30 et 50 : votre apprentissage de la méthode TAF est en cours. Vous vous sentez déjà différent. Le phénomène va s'intensifier. Pour les questions où vous avez obtenu 0 ou 1 point, relisez les développements figurant ci-dessous pour bien comprendre l'effet qui est attendu.
- Si vous avez obtenu entre 20 et 30 : ne vous découragez pas. Il y a déjà certaines questions où vous avez obtenu 4 ou 5. Pour les questions où vous avez obtenu 0 ou 1 point, relisez les développements figurant ci-dessous pour bien comprendre l'effet qui est attendu.
- Si vous avez obtenu moins de 20 : quelque chose a changé et c'est déjà un résultat. Maintenant, il faut persévérer. Pour les questions où vous avez obtenu 0 ou 1 point relisez les développements figurant ci-dessous pour bien comprendre l'effet qui est attendu.

Question 1 : J'ai le sentiment de piloter ma journée

En principe, vous avez répondu « Toujours » ou « Souvent » car la méthode TAF vous a permis d'être à nouveau acteur de votre journée.

C'est bien vous qui décidez du programme de la journée le matin et personne d'autre. Puis, tout le restant de la journée vous suivez cette ossature, cette trame, cette feuille de route que représente votre TAF J.

TÉMOIGNAGE

de Salah, *spécialiste fiscal chez Ernst et Young*

« Je me voyais comme un fétu de paille, balloté en permanence entre des impératifs souvent contradictoires. Je n'avais pas une bonne image de moi-même, je pensais que je n'étais qu'un pion. Mais dès que j'ai constitué mon TAF du jour cela m'a donné un cap. Même ma posture a changé : j'ai redressé la tête, je me tiens droit, prêt à faire face à des évènements que je sais maintenant pouvoir dominer. »

Question 2 : Je sais toujours quelle action suivante je dois faire

En principe vous avez répondu « Toujours » ou « Souvent » car il vous suffit de consulter votre TAF journalier pour enchaîner sur l'action suivante.

Un instant d'hésitation, de flottement, de vide ? Consultez votre TAF journalier qui vous indique la marche à suivre. En cours de journée vous bénéficiez ainsi du travail d'ordonnancement total que vous avez fait en arrivant dans l'entreprise.

TÉMOIGNAGE

de Salah, *spécialiste fiscal chez Ernst et Young*

« Alors bien sûr il y a eu des dérives, des évènements non prévus cette première journée d'utilisation de TAF mais chaque fois j'ai repris mon cap d'origine en me raccrochant à mon TAF défini le matin. »

Question 3 : J'ai de moins en moins de ruptures dans mon travail

En principe vous avez répondu « Toujours » ou « Souvent » car vous progressez maintenant action par action.

Auparavant, votre travail était haché par des ruptures incessantes, parfois jusqu'à trois niveaux, c'est-à-dire que vous étiez sur la tâche A, que vous avez dû interrompre pour passer sur la tâche B, que vous avez dû aussi interrompre pour passer sur la tâche C. C'est une énorme perte d'efficacité lorsqu'il s'agit de revenir à la tâche A, surtout si c'est une tâche de réflexion profonde ! On perd le fil, il faut refaire douloureusement les raisonnements de départ, on est vite découragé.

Grâce à la méthode TAF, il y a très peu de ruptures car vous raisonnez en actions forcément courtes, donc moins susceptibles d'être interrompues, et vous suivez en grande partie votre programme de la journée inscrit dans le TAF journalier.

TÉMOIGNAGE

de Ludo, *jeune chef d'une entreprise de plats préparés*

« Dans mon métier les sollicitations sont incessantes entre les livreurs, les cuisiniers, les clients. Alors je n'arrivais jamais à finir une tâche, car une tâche nécessite d'être tranquille longtemps. J'avais donc le sentiment d'être sous l'eau. TAF m'a obligé de raisonner en actions beaucoup plus courtes que des tâches. Et là ça passe sans problème. De plus cela me permet de faire progresser plusieurs sujets à la fois au lieu d'être entièrement accaparé par une tâche… que je n'arrive pas à finir ! »

Question 4 : Je ne suis pas effrayé par une tâche supplémentaire

En principe vous avez répondu « toujours » ou « souvent » car TAF vous permet de relativiser la charge supplémentaire que cette tâche représente.

L'utilisation de TAF vous permet d'avoir une meilleure perception :

- sur la totalité des actions à faire (grâce au TAF total) ;
- sur votre capacité journalière d'action (grâce au bilan fin de journée).

TÉMOIGNAGE

de Bertrand, *commercial dans une grande entreprise automobile*

« Avant j'étais écrasé par les tâches. Dès qu'on m'en rajoutait une je trouvais cela insupportable, c'était une vraie souffrance, parce que je savais que j'en avais déjà d'autres en chantier que j'avais bien du mal à terminer. Désormais, je connais exactement mon en-cours de travail grâce à mes actions inscrites dans mon TAF total et je ne surestime plus ma charge de travail, car j'ai aussi d'un autre côté pleinement conscience de tout ce que je peux accomplir en une seule journée. C'est presque le phénomène inverse : j'ai tendance à me réjouir quand on me rajoute du travail. Je sais que désormais avec la méthode TAF j'ai une arme secrète qui va m'aider à faire face alors je dis : *Welcome to the problems !* ou dans ma tête je dis comme les enfants : même pas peur ! »

Question 5 : Je pense systématiquement à déléguer

En principe vous avez répondu « Toujours » ou « Souvent » car le recours à la délégation est intégré dans la méthode TAF.

Quand on rentre une action dans son TAF, on vous oblige à vous poser systématiquement la question : un collaborateur peut-il faire le travail à ma place ? Et cela même s'il est moins rapide que moi ! De cette façon on dégage du temps pour les questions essentielles et délicates et bien sûr la qualité de votre prestation est en hausse.

TÉMOIGNAGE

de Stéphanie, *responsable d'un organisme de formation*

« Avant j'avais tendance à me barricader dans mon bureau, craignant d'être sollicitée par de trop nombreux problèmes. Mais après un mois de méthode TAF, ma porte est désormais toujours ouverte. J'admets que les gens viennent me déranger car avec TAF j'ai appris la délégation à outrance : j'oriente, je sous traite, je mets sur la voie et cela semble suffire à mon interlocuteur. »

Question 6 : J'ai l'impression d'avoir plus de temps

En principe vous avez répondu «Toujours» ou «Souvent» car l'utilisation de la méthode TAF vous fait gagner du temps de façon objective et de façon subjective.

Déjà, on gagne le temps de chiffrage vain des tâches dans lequel on se perdait avant en utilisant les méthodes de l'ancien monde. Mais ce n'est pas tout.

Les gains objectifs viennent d'une meilleure organisation, due à la séparation complète entre le travail d'ordonnancement et celui de réalisation, au recours systématique à la délégation et éventuellement au visual management*, dans le cas où vous avez une équipe à animer.

En effet, la phase initiale de la journée est exclusivement consacrée à l'ordonnancement des actions et le reste de la journée est essentiellement consacré à la réalisation de ces actions. Votre concentration en cours de journée est inégalable. On ne vit plus ces moments de doute où on se sent tiraillé entre deux tâches qui apparaissent aussi urgentes l'une que l'autre.

Mais c'est surtout en supprimant totalement le décalage entre temps ressenti et temps effectif que TAF rend service. La méthode TAF réussissant à matérialiser ce que vous avez à faire pour avancer sous la forme d'un tableau, le temps ressenti est strictement égal au temps effectif. Plus de surestimation de la charge de travail !

Et puis la notion d'urgence retrouve son sens réel. On a suffisamment souligné les ravages inutiles que la notion d'urgence pouvait provoquer. Grâce à la méthode TAF, cette notion est anesthésiée, relativisée, dépourvue de son affect. La notion d'urgence, floue, stressante et subjective a été remplacée par la notion de priorité relative : il n'y a plus d'urgence à part les actions de priorité 0.

TÉMOIGNAGE

***de Carole,** assistante de direction dans un laboratoire pharmaceutique*

«Mon boss m'avait envoyé en stage de formation à la gestion du temps pendant deux jours. J'ai tenté d'appliquer ce que j'avais entendu mais je me suis perdu dans le chiffrage des tâches. Ce chiffrage était tellement lourd et hasardeux que je n'en voyais pas l'intérêt, d'autant plus qu'il s'avérait toujours faux. Au bout de deux jours, considérant que le remède était pire que le mal, j'ai laissé tomber et je n'avais pas le moral. Mais une copine du cours de yoga m'a parlé de TAF et m'a transmis le mode d'emploi. J'ai adhéré tout de suite, tellement la méthode est flexible. On ne chiffre plus des tâches, on se contente de prioriser des actions et ça change tout. On passe vraiment peu de temps à s'organiser ; une demi-heure en fin de semaine et dix minutes chaque matin pour un bénéfice énorme en cours de journée. C'est cette méthode qui devrait être enseignée dans les formations sur la gestion du temps ! »

Question 7 : J'ai une bonne vision de la totalité de mon travail restant

En principe vous avez répondu « Toujours ou Souvent » car avec le TAF total vous avez une vision sur tout ce que vous avez à faire sur un horizon long.

TÉMOIGNAGE

de Salah, *spécialiste fiscal chez Ernst et Young*

« J'ai en permanence en arrière-fond de mon cerveau la totalité de mon travail restant. Déjà, cela me permet d'en quantifier intuitivement la charge, alors que précédemment cela formait un brouillard inquiétant. Et de plus, maintenant, je le rapporte au volume d'activité que je peux avoir dans une journée. C'est aussi une notion que je maîtrise parfaitement grâce au bilan de fin de journée, la phase D de la méthode TAF. Sans ce bilan, j'avais tendance à sous-estimer ce volume d'activité journalière. Maintenant je sais quantifier ces deux notions : travail restant et travail réalisable en une journée. Je rapproche les deux et cela me rassure. Cette démarche me fait penser à un indicateur financier que j'utilise dans mes analyses d'entreprise : le rapport de l'endettement total sur la capacité d'autofinancement de l'entreprise. Un endettement total à rembourser pris isolément peut faire peur, mais quand on s'aperçoit qu'en cinq ou six années d'autofinancement produit par l'entreprise on peut entièrement le rembourser le stress s'évanouit totalement. Là c'est pareil puisque j'évalue mon stock total d'actions à traiter en nombre de jours d'activité et il ne dépasse jamais deux semaines complètes de travail : c'est très raisonnable. In fine, je m'aperçois que je ne suis pas surchargé alors que je croyais l'être. J'ai du travail, c'est tout et c'est heureux, et je sais maintenant comment m'y attaquer de façon efficace. »

Question 8 : Je ne refuse plus totalement aucune tâche

En principe vous avez répondu « Toujours » ou « Souvent » car grâce à TAF vous n'êtes plus en situation défensive face aux sollicitations nouvelles.

L'utilisation régulière de la méthode TAF vous permet de prendre le contre-pied des conseils que vous trouvez dans nombre de livres sur la gestion du temps, qui préconisent de savoir dire non. Savoir dire non pour gagner du temps, pour se préserver, pour refiler la patate chaude à un collègue : ce n'est pas très glorieux et ça se fait au détriment de l'entreprise.

Avec la méthode TAF on passe du savoir dire non au pouvoir dire oui.

TAF vous a fait tellement gagner de temps en aval qu'il n'est plus nécessaire en amont d'avoir cette attitude hostile, renfermée, défensive envers vos collègues. Vous pouvez toujours répondre favorablement à une demande mais vous ne la réaliserez entièrement et personnellement que de façon exceptionnelle. La différence et la plus-value viendront de la perception de votre interlocuteur qui aura le sentiment que vous avez accédé à sa demande puisqu'il ne se sera plus heurté à un non catégorique et hostile.

En effet, répondre favorablement à une demande, ce n'est pas forcément faire tout soi-même tout de suite. Il doit y avoir une négociation et une priorisation. Il est probable que vous allez discuter, que vous ne ferez qu'une partie de ce que l'on vous demande, dans un souci de responsabilisation du demandeur. Ou alors vous allez déléguer vers un collaborateur. Finalement, la prise en compte des demandes nécessite peu de votre temps et en plus ce temps vous l'avez déjà gagné au préalable en utilisant la méthode TAF. En conséquence, jamais plus vous ne laisserez en rade vos collègues, ce qui améliorera grandement l'image qu'ils ont de vous.

En vingt ans d'utilisation de la méthode TAF, je n'ai jamais complètement dit non à une demande : soit je l'ai accepté de bon cœur, soit j'en ai réalisé les premières phases permettant au demandeur de finir lui-même, soit je l'ai orienté vers une tierce personne.

Aujourd'hui, dans un contexte VUCA* – *Volatility, Uncertainty, Complexity and Ambiguity*) – où en particulier, on dépend les uns des autres, il est impossible de ne pas répondre à une sollicitation, impossible de dire non sèchement – sauf à un très haut niveau de responsabilité.

Bien sûr, on raisonne ensuite en Triangle Coûts Qualité Délais*. Si on a peu de temps ce sera juste un embryon de solution que l'on proposera mais dans la plupart des cas cet embryon débloquera votre interlocuteur, qui ne vous sollicitera pas plus. Si vous entrez dans une discussion ouverte avec lui vous serez étonné de voir que le demandeur accepte d'y participer et que sa demande va diminuer en intensité : in fine, il a juste besoin à un certain moment de votre expertise pour se lancer.

On doit gagner du temps non pas en réduisant sa prestation («circulez il n'y a rien à voir, je vous dis non») mais en améliorant sa vitesse de résolution de problématiques grâce à la méthode TAF.

TÉMOIGNAGE

d'Anne, *contrôleur de gestion chez Legrand Industries*

«J'ai complétement changé d'attitude par rapport aux demandes qui me sont adressées. Avant, je ne laissais même pas la personne aller jusqu'au bout de sa question, je prétextais ma charge actuelle de travail pour lui dire non. Avec TAF j'ai une meilleure visibilité de ma charge réelle de travail, que j'avais tendance à surestimer, alors j'écoute ce qu'on a à me dire. Et puis je sous estimais aussi les personnes en face. Je me suis aperçu qu'il était assez rare qu'elles veuillent que je fasse tout à leur place. En fait elles étaient prêtes à collaborer. Ce qu'elles voulaient surtout c'était faire avancer leur problème. Souvent, un conseil ou une indication suffit à les débloquer. Donc je ne dis plus jamais non. Et puis TAF m'a fait gagner tant de temps par ailleurs!»

Question 9 : Mes collaborateurs me posent des questions sur TAF

En principe vous avez répondu «Toujours» ou «Souvent» car TAF est une méthode qui fait des envieux et se répand naturellement dans une équipe.

Si vous managez une équipe, vous allez utiliser la méthode TAF comme un vrai outil d'animation.

La méthode TAF va vous inciter à déléguer autant que c'est possible, ce qui fatalement va multiplier les contacts et les marques de confiance prodiguées. Vos collaborateurs vont vous voir en permanence faire référence en réunion à votre TAF personnel. Il est même possible que vous distribuiez des sous TAF* par collaborateur.

Ils vont vous trouver changé : plus factuel, moins angoissé, plus ouvert. La connivence entre vous et votre équipe va être renforcée.

Mais les choses n'en resteront pas là. Intrigués, vos collaborateurs (ou vos collègues) voudront connaître puis utiliser cette fameuse méthode qui vous donne le sourire. Ils voudront participer au jeu, rentrer dans le club des tafistes*. De plus en plus, vous parlerez le même langage et vous vous comprendrez à demi-mot.

TÉMOIGNAGE

***de Phillipine,** responsable d'une équipe technique chez Air Liquide*

« Ce qui me faisait un peu peur dans TAF c'est son côté froid et automatique. Je craignais que cela ne m'éloigne de mes collaborateurs. Mais en fait, ce fut tout le contraire. Ils ont bien vu que j'avais changé et ils ont voulu en connaître la cause et ils se sont tous mis à TAF. Nos réunions d'avancement ont radicalement changé : avant c'était beaucoup de discussions mais aussi beaucoup d'incompréhension, maintenant c'est moins de discussion et plus de convergence et de connivence. Au lieu de palabrer on discute autour des TAF de chacun et, si besoin est, on rééquilibre les charges de travail respectives. En fait, loin de nous éloigner, l'utilisation de TAF nous a rapproché : on discute peut-être moins mais on se comprend tellement mieux ! »

Question 10 : J'ai beaucoup moins de relances de la part de mes interlocuteurs

En principe vous avez répondu « Toujours » ou « Souvent » car TAF est aussi votre mémoire vivante.

Impossible d'oublier quoi que ce soit avec TAF, qui enregistre toutes les demandes qu'on vous fait, les précise au fur et à mesure de leur remontée dans le tableau.

TÉMOIGNAGE

***de Haroun,** responsable d'une ligne de fabrication sur un site industriel de Safran*

« Avant j'avais beaucoup de relances de la part de collègues ou de collaborateurs sur des actions non faites. À chaque fois, je promettais de les faire le lendemain. Mais j'étais tout de suite repris par les évènements et ce n'est que dans ma voiture, sur le chemin du retour, que j'y repensais. C'était pénible car il y a des personnes à qui j'ai fait des promesses non tenues sur plus de deux semaines. Maintenant, dès que j'ai une demande je l'inscris dans mon TAF, même si, bien sûr, je ne la traite pas tout de suite. Mais assez rapidement elle apparaîtra dans un programme de travail de la journée et je la ferai. »

Question 11 : Mon bureau est mieux rangé

En principe vous avez répondu « Toujours » ou « Souvent » car maintenant que votre esprit est clair, votre bureau l'est aussi.

TAF vous pousse à digitaliser au maximum vos documents, tout au moins ceux qui contiennent une information à stocker, et à ne travailler que sur une action à la fois. Conséquence, seuls les documents relatifs à l'action en cours peuvent être éventuellement présents sur la table de travail : soit ils viennent d'un dossier suspendu vous permettant de ranger vos documents papier, soit ils ont été édités juste avant à partir de votre bibliothèque électronique pour une meilleure lecture ou un meilleur partage.

Une fois l'action terminée, ces dossiers doivent être à nouveau rangés dans les dossiers suspendus ou détruits s'ils existent déjà dans votre bibliothèque électronique.

Mais toutes les actions ne nécessitent pas d'avoir des documents papier sous les yeux si bien que la plupart du temps un interlocuteur qui entre dans votre bureau peut vous surprendre en train de travailler avec un bureau vide devant vous. Quelle maîtrise ! Quel professionnalisme !

Votre bureau est la partie émergée de votre cerveau. Sans la méthode TAF, c'est la pagaille dans votre cerveau et donc également sur votre table de travail, qui en est le reflet.

TÉMOIGNAGE

de Nadia, *consultante RH*

« J'aimais bien étaler des documents un peu partout sur mon bureau. J'en avais sans doute besoin pour me rassurer quelque part. Mais comme j'avais des interruptions que je voulais absolument traiter tout de suite, je passais en permanence d'une tâche à l'autre et les documents s'entassaient au fur et à mesure. D'abord cela ne faisait pas très sérieux pour les clients qui venaient me voir.

J'étais obligée de ruser pour réserver sans cesse une salle de réunion. Et puis je perdais énormément de temps pour remettre la main sur un document : c'était l'enfer ! Je le retrouvais parfois dans un mauvais dossier, où je l'avais malencontreusement rangé. La méthode TAF m'a obligé à faire de gros efforts, à me passer du papier. Et surtout, je n'ai plus besoin d'être rassurée car ce qui me rassure aujourd'hui c'est mon TAF du matin et il ne prend pas de place ! »

Question 12 : En fin de journée j'ai le sentiment d'avoir avancé

En principe vous avez répondu « Toujours » ou « Souvent » car TAF vous fait penser à ce que vous avez fait dans une journée et non plus à ce que vous n'avez pas pu faire.

L'utilisation de TAF vous empêche de subir les évènements qui surviennent : vous arrivez maintenant à les dominer. Ce sentiment de maîtrise a bien sûr un impact direct sur votre bien-être et vous devenez fatalement beaucoup plus ouvert aux autres. Au lieu de ruminer et de stresser dans votre coin vous êtes disponible pour écouter les autres, au travail ou dans la sphère privée.

TÉMOIGNAGE

de Haroun *responsable d'une ligne de fabrication sur un site industriel de Safran*

« Avant de monter dans ma voiture, je fais mon bilan TAF et je sais alors que j'ai bien mis à profit ma journée et que demain sera un autre jour. J'arrive à déconnecter totalement : ma famille me trouve plus serein le soir et plus à son écoute. »

La prise en compte de la deuxième dimension de l'efficience : de TAF à TAF⁺

Si vous avez obtenu un bon score au test précédent, cela veut dire que vous êtes prêt à passer de TAF à TAF$^+$. De quoi s'agit-il ?

Reprenons le schéma présenté dès l'introduction. Il y a deux branches à l'efficience : la pertinence et l'efficacité. La méthode globale TAF permet d'acquérir de la pertinence. Reste maintenant à y ajouter l'efficacité par la recommandation d'un certain nombre d'outils.

Comment atteindre l'efficience ?

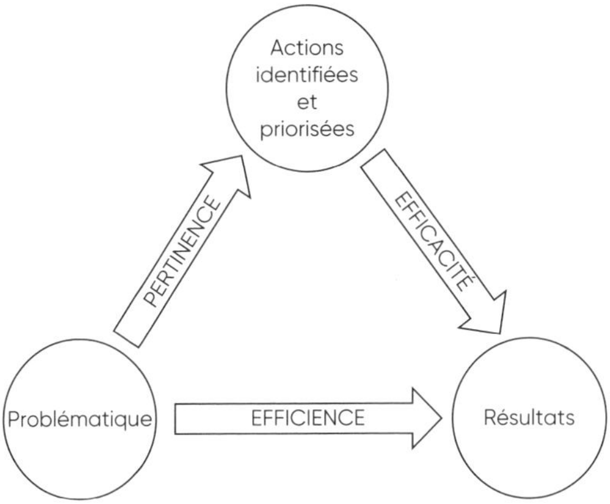

En effet, ce livre a pour vocation de couvrir la totalité du problème de la gestion du temps : il ne peut donc pas abandonner le lecteur, une fois la pertinence assurée par la méthode TAF.

Certes, le plus difficile pour une équipe de football est d'envoyer le ballon au parfait moment dans la course de l'attaquant qui vient de faire un appel, mais le job n'est pas encore pour autant totalement terminé : il faut encore envoyer la balle au fond du filet en étant efficace.

Cette phase complémentaire, moins directive et plus adaptable à la personnalité de chacun, a fait l'objet de nombreux ouvrages, regorgeant d'outils. Citons l'excellent livre de Pascale Belorgey, La boîte à outils de la gestion du temps (Éditions Dunod) ne proposant pas moins de 72 outils.

Là, la sensibilité personnelle va intervenir et chacun va faire son marché et sélectionner les quelques outils qui lui parlent vraiment.

C'est pourquoi, vous trouverez ci-après une sélection des outils les plus essentiels, ceux qui m'ont le plus aidé à être efficace au cours de ma carrière.

En adoptant certains d'entre eux, vous passerez ainsi de la maîtrise de la méthode TAF à la maîtrise de l'approche TAF⁺.

En tant que lecteur, vous ne devez pas être surpris par l'aspect plus débridé de ce chapitre IV, qui ne saurait présenter le systématisme des chapitres précédents. En effet, il n'y a pas de méthode pour être efficace, il y a juste des outils qui ont chacun leur domaine d'action privilégié.

On peut soigner son cerveau ; on peut avoir une meilleure relation au temps ; on peut mieux rentrer en résonance avec son interlocuteur ; on peut apprendre à décider plus vite.

L'hygiène du cerveau

La littérature regorge de conseils sur l'hygiène du corps. Souvent, on vous parle de votre cœur, de votre intestin, de vos muscles, que sais-je encore, donc nous ne focaliserons pas sur ce sujet, nous nous contenterons de citer Laurent Rivière, architecte du bien-être au travail, qui a listé dans un post les 12 meilleurs médecins :

- Le soleil.
- L'eau.
- L'air.
- L'exercice.
- La pensée positive.
- Le repos.
- La danse.
- L'amour.
- La méditation.
- Le rire.
- La nature.
- L'alimentation.

C'est la base si l'on veut bénéficier d'un corps performant mais le cerveau doit être particulièrement soigné car c'est ce dernier qui est utilisé pour avancer dans les actions et nous avons tout intérêt à ce qu'il soit en parfait état de marche.

La performance du cerveau est le fruit de deux dimensions :

- ses capacités de réaction ;
- la faculté à mobiliser ces capacités.

C'est surtout la deuxième dimension qui est à surveiller car une mauvaise performance de celle-ci peut ruiner l'efficacité des plus doués. Pour tout un tas de raisons, souvent psychologiques, la faculté de mobilisation du cerveau peut s'effondrer et diviser plus que par deux ses capacités de réaction théoriques.

La régénération du cerveau par le sommeil

Pierre Fluchaire, ingénieur centralien, a étudié cette question il y a longtemps déjà et j'ai eu l'honneur d'assister à un de ses séminaires.

De son livre référence *La révolution du sommeil* (Laffont), j'ai relevé les pratiques suivantes, dont je ne saurai plus me passer aujourd'hui.

La pause de vingt minutes

C'est probablement l'exercice le plus efficace. Une journée de travail c'est long si l'on veut garder le même rythme à la fin qu'au début. Réaliser une pause après le repas est donc plus que bénéfique.

Voilà comment je la pratique. Je me fixe d'abord un programme de réflexion sous la forme d'une question simple : ce peut être la structuration d'une communication que je dois faire, un litige avec un client dont je n'ai pas encore fait le tour, un compte rendu de réunion à produire. Je règle mon portable avec un réveil par sonnerie vingt minutes après. Je plonge alors dans un état intermédiaire propice aux idées nouvelles. Ce n'est plus de l'éveil et ce n'est pas encore du sommeil. Les idées, concentrées sur le programme fixé au préalable, fusent sans qu'on les contrôle vraiment.

J'en sors facilement au bout de dix-neuf minutes, je supprime juste à temps la sonnerie de mon portable, je note immédiatement les idées émises entre-temps sur la question que je m'étais programmée en m'envoyant un sms à moi-même.

Peut-être vous faudra-t-il un certain temps pour arriver à ce résultat mais vous constaterez que le cerveau s'habitue vite à cet exercice et que progressivement vous vous réveillerez avec des idées nouvelles, une astuce pour débloquer un problème, un angle nouveau pour aborder un sujet…

Il ne faut en aucun cas dépasser les vingt minutes. D'ailleurs, si je suis en manque de sommeil, je vais faire deux ou trois séquences de vingt minutes mais je ne dépasserai jamais vingt minutes en une seule fois. Certains jours, je n'arrive pas à faire cette pause et je le ressens fortement en cours d'après-midi. Alors je fais cette pause de vingt minutes en rentrant du travail, éventuellement dans ma voiture juste en face de chez moi, et alors ma soirée est active au lieu d'être un long supplice en attendant de pouvoir se jeter au travers du lit.

La pause parking

On l'utilise lorsqu'on ne dispose que de cinq ou dix minutes et qu'une voiture personnelle est à votre disposition. Ce peut être, comme son nom l'indique, sur un parking, quand on arrive en avance à un rendez vous.

Vu le temps imparti, je n'essaye pas de programmer l'activité de mon cerveau. Ici, le but est ailleurs : on se focalise sur la disparition des tensions et sur l'apparition d'une détente.

Je visualise donc des images positives. Personnellement, je n'en ai que deux en magasin : la première, je suis sur une plage bretonne avec mes deux filles encore petites, je sens leurs menottes gigoter dans mes mains. La seconde, je revis un des buts de l'artiste Alessandro Del Piero, il Pinturicchio*, en ligue des champions contre le Real, soit à Turin, soit à Madrid.

Je n'arrive pas au même état semi-inconscient que dans une pause de vingt minutes mais j'arrive quand même à chasser la fatigue ou la tension.

Les flashs

C'est la technique employée par les navigateurs lors des grandes traversées puisqu'ils ne disposent que de très peu de temps pour relâcher leur vigilance par rapport à la marche du bateau.

Cette fois, vous n'avez même plus dix minutes comme pour les pauses parkings. Par exemple, vous devez recevoir des visiteurs importants qui vous attendent déjà dans une salle de réunion.

Accordez-vous simplement une ou deux minutes pendant lesquelles vous allez fermer les yeux et convoquer des images positives, comme celles citées au paragraphe des pauses parking. Vous allez vous remplir de calme, faire baisser votre rythme cardiaque et cela va améliorer votre efficacité juste après.

La préservation du cerveau par rapport au stress

Qu'est ce qui fatigue le cerveau ? Pas la réflexion, pas les calculs, pas le travail. Il a été démontré par des études que le cerveau peut tourner à l'infini, sans fatigue notable. C'est presque une machine perpétuelle.

Ce qui fatigue le cerveau, ce sont les émotions et il faut veiller à ce qu'elles restent dans la mesure du possible à leur place, à la périphérie de votre cerveau, sans prendre la place centrale, jusqu'à en bloquer le fonctionnement.

Ne jamais rajouter du stress à un système déjà stressant par nature

Nous sommes plongés dans le VUCA* ce qui nous place d'emblée dans un contexte de stress. Il y aura toujours des machines en panne, à commencer par les photocopieuses ; il y aura toujours des clients mécontents ; il y aura toujours des collaborateurs absents : cela est devenu monnaie courante.

Alors inutile de vous rajouter une pression ! Inutile de parler d'urgence à tout bout de champ, si bien que cette notion est galvaudée. Inutile de menacer de sanctions, de toujours imaginer le pire.

Dans la même société, j'ai d'abord été un directeur financier stressé comme une puce puis, quelques années après, un PDG cool, car ayant pu bénéficier entre temps du support de la méthode TAF, qui vous enlève le stress et vous remplit d'énergie. Un des plus beaux compliments qu'un de mes collaborateurs a pu me faire dans cette deuxième période a été : « Avec vous on n'a jamais l'impression de travailler ! ».

L'outil Caramba*

Non, la tartine de confiture ne tombe pas forcément du mauvais côté et d'ailleurs, on a aussi des chances de la rattraper au vol avant qu'elle ne touche le sol. Oui mais voilà : l'esprit humain est ainsi fait qu'il ne mémorise que les rares fois où la tartine est tombée du mauvais côté.

Nous devons absolument résister à ce piège déformant du cerveau, à ce biais cognitif. Pour ce faire, il faut quantifier cette notion pour l'apprivoiser et la dépasser. C'est l'objet de l'outil Caramba* sous forme de tableau.

D'où vient ce nom ? Il faut vous replonger dans les aventures de Tintin, plus spécialement dans le tome intitulé *L'oreille cassée*. Ramon et Alonzo sont des malfrats, prêts à tout pour récupérer le diamant caché dans l'oreille d'une statuette. Ramon est un spécialiste du lancement de poignard, sauf qu'il tire systématiquement trop à droite et donc il rate toujours sa cible. D'où son expression « Caramba, encore raté ! ».

Dans la vie, c'est la même chose. Par rapport aux nombreux évènements défavorables que nous imaginons avoir à subir, le destin, le réel, dévie au dernier moment et des éléments favorables, que nous n'avions pas imaginés, empêchent le soi-disant inéluctable de se produire. « Caramba, encore raté ! » Encore du souci pour rien, en pure perte, venu éroder notre capacité d'action.

Caramba, encore raté !

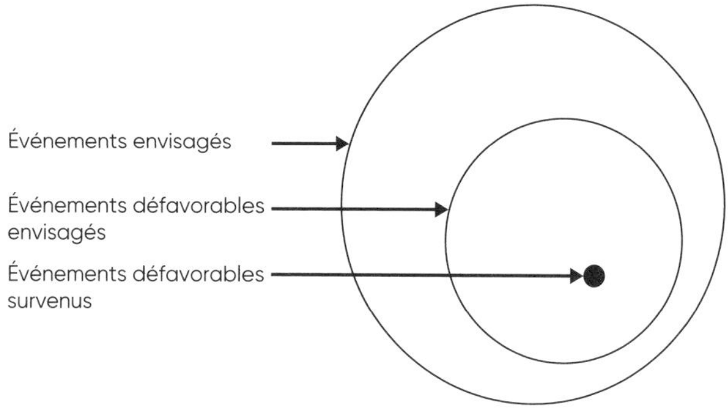

Comment utiliser le tableau CARAMBA* ?

Notez vos angoisses, vos peurs d'évènements à venir. Notez ensuite ce qui s'est réellement passé. Calculez un taux d'apparition réelle des évènements redoutés. Déjà le simple fait de noter vos motifs d'angoisse va vous aider, car les écrire c'est déjà mieux les visualiser donc accepter les risques excessivement redoutés. Mais le vrai gain sera de s'apercevoir que ces évènements redoutés ne se produisent que très rarement.

Mise en place outil Caramba

Rep	Date	Crainte	Réalité	Réel ?
1	1/07	Arrivée en retard à la réunion	La réunion a été décalée d'une demi-heure	NON
2	5/07	Présence de X en réunion	X était absent	NON
3	8/07	Mes propositions vont être refusées	Mes propositions ont été jugées pertinentes et ont été acceptées	NON
4	10/07	J'ai fait une erreur de calcul dans ma remise de proposition	La proposition a été refusée pour d'autres raisons	NON
5	12/07	L'entretien de fin d'année de X va être houleux	X accepte mes remarques et dit qu'il va en tenir compte	NON
6	18/07	La canicule va frapper pendant 5 nuits	La canicule passe à côté de notre département	NON
7	20/07	Ma période de prise de congés va être refusée	En fait ça arrange ma collègue qui part plus tard aux EU voir son fils	NON
8	03/08	Je suis convoqué chez le grand directeur	Le grand directeur m'annonce que j'ai une autorisation d'embauche pour un adjoint pour réduire ma charge de travail	NON
9	07/08	Le client X va mettre fin au contrat	J'ai trouvé un terrain d'entente avec le client X qui maintient son contrat	NON
10	08/08	J'ai oublié ma recharge d'ordinateur	Un collègue m'a prêté une recharge compatible	NON

Dans l'écrasante majorité des cas, cette angoisse a été infirmée, démentie par le réel. Soit parce que vous en aviez surestimé le risque, soit parce que vous ne connaissiez pas l'un des paramètres favorables du problème, qui a permis d'éviter l'apparition de l'évènement défavorable. Par exemple, devant faire un exposé, vous êtes arrivé en salle de réunion avec un ordinateur déchargé et sans recharge, cela aurait pu virer à la catastrophe. Mais vous ne saviez pas qu'un collègue serait là avec une recharge compatible et qu'il sauverait ainsi la situation.

La dernière colonne vous montre qu'aucune de vos dix dernières angoisses ne s'est révélée exacte. Le taux d'apparition réelle des évènements défavorables est donc de 0 %. Tout ce stress pour rien !

La prochaine fois, vous bénéficierez du retour d'expérience. Continuez de noter vos nouvelles angoisses mais ayez sous les yeux votre tableau Caramba* de la période précédente avec son taux réel d'apparition : cela minorera grandement votre inquiétude et préservera les forces vives de votre cerveau.

L'aération du cerveau

Il est bien sûr essentiel de varier la nourriture intellectuelle apportée au cerveau. Que diriez-vous si vous étiez contraint d'avaler tous les jours le même repas ? La saturation, la lassitude ou encore le dégoût vous guetteraient alors.

Il est très rare que l'acharnement sur un dossier soit profitable à l'éclosion des idées. À un certain moment, il faut faire autre chose, décrocher, pour revivifier la pensée.

Plusieurs fonctionnements du cerveau sont possibles : une utilisation active, une régénération ou une aération.

Attention à ne pas confondre regénération ou aération avec encombrement du cerveau. En effet, regarder Taxi 3 ou un film avec De Funès, suivre un match de football, fait partie de la phase de régénération. Écouter le concert d'une chorale, suivre une série c'est de l'aération. Regarder son portable toutes les cinq minutes, guetter des notifications anecdotiques, voire écouter de la musique en faisant son jogging, au lieu de regarder le spectacle autour de soi en renouvellement permanent si on y fait attention, c'est de l'encombrement.

Le cerveau doit parfois ressembler à une morne plaine, vide de pensées actives et alors seulement des fusées éclairantes, des fulgurances peuvent le traverser. Il est donc inutile de se priver des temps morts par l'écoute de la musique ou la consultation frénétique de son smartphone. Dans une file ou une salle d'attente, programmons-nous des « pauses parking », voire des pauses de vingt minutes ou tout simplement regardons autour de nous pour admirer le monde qui nous entoure.

Vous pouvez aussi mettre à profit le système des liseuses pour certains ouvrages que vous pouvez ainsi consulter pendant les temps d'attente parfois trop longs.

Utiliser la musique pour vous distraire, vous permet de varier les sollicitations du cerveau puisqu'alors vous êtes dans la phase d'aération. En revanche, ne l'utilisez pas pour vous désennuyer puisque vous vous lanceriez alors inutilement dans une phase d'encombrement, qui serait un frein à l'apparition de fulgurances.

La maîtrise du temps long

Ce qui peut être énervant ou désespérant, c'est l'impression de faire du surplace. Or, tous les jours vous avancez, vous progressez, sauf que le mouvement d'un jour sur l'autre est forcément difficilement décelable, et que l'on oublie facilement qu'il y a trois cent soixante-cinq jours dans l'année !

La pratique du bilan de fin de journée sur votre TAF vous a déjà permis de prendre conscience du mouvement, du progrès. Il faut aller plus loin avec les deux outils présentés ci-dessous.

L'outil futur souhaité*

Dans un premier temps, identifiez vos parties prenantes, c'est-à-dire les entités qui sont le plus en interaction avec vous : des personnes, des entreprises, des passions…

Mes principales parties prenantes professionnelles

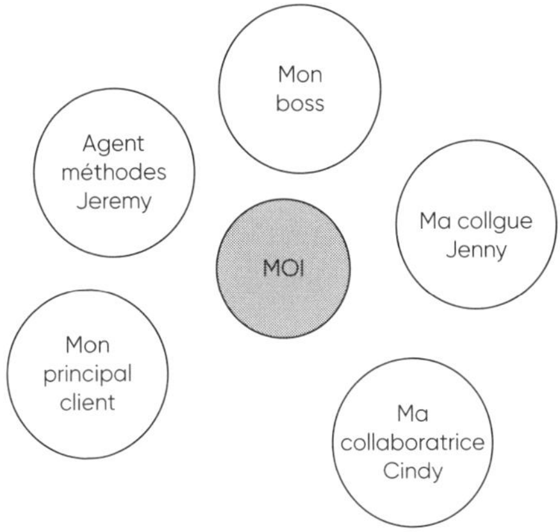

Dans un deuxième temps, projetez-vous dans le futur et décrivez un idéal de fonctionnement par rapport à ces parties prenantes. Ne prenez pas en compte la situation actuelle ; cela peut vous freiner car les difficultés actuelles – qui ne sont peut-être que passagères – vous influenceraient négativement et minoreraient votre capacité d'ambition. Ne datez pas non plus votre vision du futur. Décrivez le à terme. Voici un exemple d'un futur souhaité que vous pouvez imaginer :

Exemple de futur professionnel souhaité

Rep	Partie prenante	Objectifs
1	Mon boss	Je discute avec lui sans ressentiment
2	Ma collègue Jenny	J'échange sur nos méthodes de travail
3	Agent méthode Jeremy	Je sais pourquoi et comment il a besoin des infos que je lui donne
4	Mon principal client	Je lui réponds toujours à temps
5	Ma collaboratrice Cindy	Je lui ai expliqué mon poste de travail dans sa totalité

Notez qu'il ne s'agit pas d'écrire en ce qui concerne votre collègue Jenny « je voudrais arriver à échanger sur nos méthodes de travail » ou en ce qui concerne votre principal client « je voudrais lui répondre toujours à temps » mais bien « j'échange sur nos méthodes de travail » ou « je lui réponds toujours à temps ». Il vous faut vous visualiser une fois tous vos objectifs atteints.

Conservez précieusement votre futur souhaité, collez-le sur la première page de votre agenda papier – ou à tout autre endroit qui vous permette de retomber dessus régulièrement – relisez-le de temps en temps quand, englué par le quotidien vous êtes assailli par un sentiment d'à quoi bon ou de stress intense.

Je vous conseille de faire le même exercice pour votre vie privée, ce qui donnera par exemple les parties prenantes suivantes et le futur souhaité suivant :

Mes principales parties prenantes personnelles

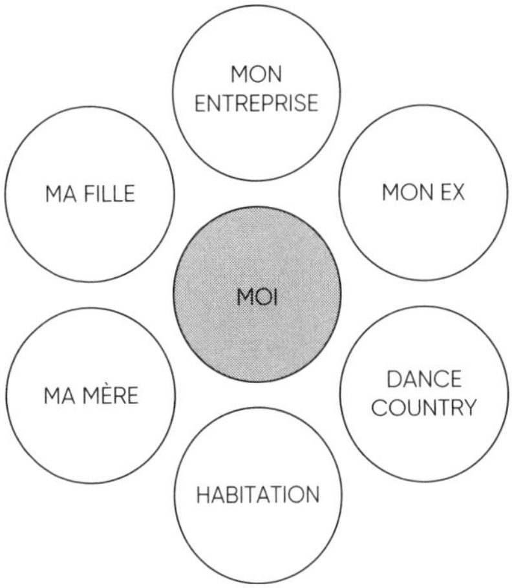

Exemple de futur souhaité personnel

Rep	Partie prenante	Relations
1	MA FILLE	Je fais des courses régulièrement avec ma fille
2	MON EX	Je discute avec lui sans ressentiment
3	DANCE COUNTRY	Je participe aux championnats départementaux
4	HABITATION	J'ai trouvé la maison de mes rêves
5	MA MERE	J'ai fait la paix avec ma mère
6	MON ENTREPRISE	Je suis directrice financière

L'outil flashback*

Nous avons insisté sur la difficulté à déceler le mouvement, alors qu'il est indéniable que vous êtes en mouvement. L'outil flashback* vous aide à saisir le mouvement.

Reprenez votre agenda de l'an dernier et positionnez-vous à la même date qu'aujourd'hui, il y a tout juste un an. Puis, listez dans un tableau tout ce qui vous est arrivé, tout ce que vous avez réalisé depuis un an, tous les éléments nouveaux, éventuellement en feuilletant les pages de votre agenda.

Vous devez le faire pour le domaine professionnel et aussi pour le domaine personnel. Comme présenter des avancées sur le plan professionnel serait trop dépendant du poste occupé, nous avons pris l'option de retenir ici le domaine personnel, afin que chacun puisse s'y retrouver. Mais la démarche est exactement la même dans les deux domaines.

Vous allez obtenir une liste, qui prouve votre enrichissement individuel. Ce mouvement sur l'année qui vient de s'écouler ainsi détecté, va vous mettre dans la tête l'idée qu'il est toujours en train de se poursuivre, et même de s'amplifier pour l'année en cours : vous êtes bien en mouvement !

L'outil flashback : il y a un an de cela

Rep	Réalisation
1	Je ne connaissais pas mon copain Philippe
2	Je ne savais pas faire une analyse financière
3	Ma fille n'avait pas le permis
4	Je n'avais pas ouvert une assurance vie
5	Je n'avais pas repris le jogging

En remontant le temps, en décrivant ainsi la personne que vous étiez il y a un an, vous mettez en évidence toutes les réalisations faites, les progrès accomplis depuis un an et vous démontrez à l'envi que vous êtes en mouvement. Édifiant non ?

Appliquer en permanence le principe clé de la communication

Le principe clé de la communication

Lorsque j'assiste à des jurys de création d'entreprise, on entend encore trop de chefs d'entreprise en herbe parler pour eux et pas pour les membres du jury. Ils n'ont pas encore pris conscience du principe de la communication gagnante, que l'on présente ci-dessous à travers l'expérience suivante.

Qu'y a-t-il à voir dans cette photo ?

On présente à un groupe la photo suivante et on demande à ses membres de se répartir en trois catégories :

1. Ceux qui voient une jeune femme lèvent la main droite.
2. Ceux qui voient une vieille femme lèvent la main gauche.
3. Ceux qui voient à la fois une vieille femme et une jeune femme ne font rien.

Avec un peu de chance vous aurez des participants dans les 3 catégories. Procédez ensuite de la façon suivante, certes un peu capillotractée, mais c'est pour la bonne cause.

Demandez à un participant n'ayant vu que la vieille femme d'expliquer à un participant n'ayant vu que la jeune femme qu'il y a aussi une vieille femme. Ce dernier, faute de vue complète sur le sujet (il n'a pas vu la jeune femme) – va parler de ce qu'il voit c'est-à-dire de la vieille femme : « mais si, il y a une vieille femme : elle regarde vers la gauche, elle a des cheveux blancs, quoi ? tu ne vois toujours rien ? tu le fais exprès ou quoi ? » Cela n'apporte aucun résultat : l'autre ne voit toujours rien d'autre que la jeune femme du départ.

Nouvelle tentative mais, cette fois, en désignant un participant qui voit les deux femmes. S'il est astucieux, sa démonstration doit être comme ceci par exemple : « OK tu vois une jeune femme qui a un collier mais imagine un instant que ce collier soit une bouche. Cette jeune femme a une oreille mais imagine un instant que ce soit un œil. Cette jeune femme a une mâchoire mais imagine un instant que ce soit un nez et ainsi de suite... » L'illumination est rapide et soudain le participant qui ne voyait que la jeune femme voit aussi la vieille femme.

Pourquoi le deuxième participant sollicité réussit-il là où le premier a échoué ? Parce qu'il a appliqué le principe clé de la communication : partir de la vision de l'autre. « Ah bon tu vois une jeune femme ? Je suis d'accord mais regarde son collier, ne peut-il pas apparaître aussi comme une bouche ? ».

Partir de la perception, de la problématique de l'autre, ce n'est pas céder à la facilité ou faire preuve de flagornerie, c'est juste de la tactique. Vous mettre d'accord sur la vision de votre interlocuteur est juste un point de départ qui vous permettra ensuite de tordre progressivement son point de vue et de l'amener sur votre propre terrain de perception.

Si vous appliquez ce principe à des situations diverses, vous serez tout étonné de votre nouveau pouvoir de persuasion.

Application du principe clé de la communication

Désormais, on demande beaucoup aux responsables dans une entreprise. Par exemple, on leur demande de savoir jouer sur les émotions de leurs collaborateurs de façon à maintenir la motivation de ces derniers au zénith. Donc forcément, au travail, vous devez adapter votre comportement en fonction du profil psychologique de votre interlocuteur du moment.

Il faut se résigner et le savoir d'emblée sous peine de déconvenues douloureuses : vous ne pouvez pas être vous-même au travail, vous ne pouvez pas vous comporter comme vous vous comportez au naturel avec votre entourage.

Ne changez rien dans votre vie personnelle : vos proches vous apprécient pour vos qualités et vos défauts qui doivent rester inchangés. Avec un peu de chance, vos enfants (si vous en avez) ne seront pas mal à l'aise avec votre personnalité réelle car ils vous ressemblent forcément un peu (on traduit cela par le proverbe : « les chiens ne font pas des chats »). Vous fréquentez des amis parce que vous avez des points communs avec eux, que vous partagez les mêmes valeurs, parce que votre compagnie leur est agréable.

Ce terrain favorable, trié, de la vie privée, vous n'avez aucune chance de le retrouver dans la vie professionnelle. En effet, on ne choisit pas son patron et on choisit de moins en moins ses collaborateurs : il faut donc faire avec, c'est-à-dire vous adapter et personnaliser votre communication en fonction du type de personnalité de votre interlocuteur. Car les personnalités humaines sont diverses et ne sont pas sensibles aux mêmes stimuli les unes que les autres.

C'est ce qui est représenté sur la figure suivante : dans l'environnement subi qu'est la vie professionnelle, vous vous devez de glisser une interface adaptative entre votre personnalité réelle et vos interlocuteurs. Sinon, vous ne rentrerez jamais en résonance avec eux !

La nécessité d'une couche adaptative pour entrer en résonnance

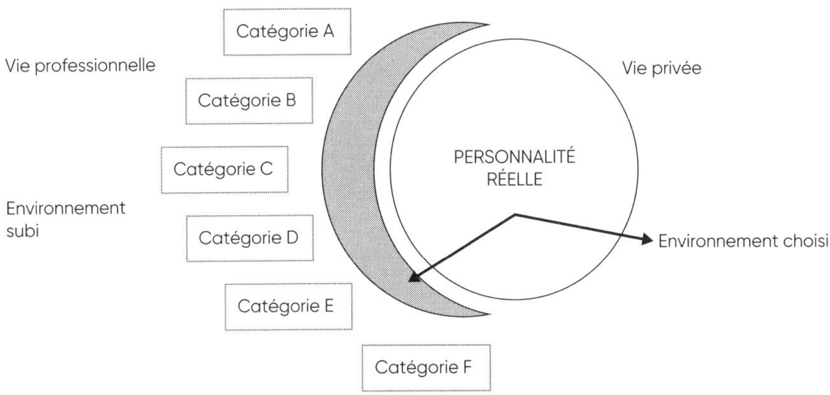

En effet, si l'on considère que, généralement, vos interlocuteurs se répartissent en plusieurs catégories distinctes (dans le schéma ci-dessus elles sont au nombre de six) et que forcément vous n'appartenez qu'à l'une de ces six-là, vous avez une chance sur six de rentrer naturellement en résonance avec votre interlocuteur et cinq sur six de ne pas vous faire comprendre de lui.

Il faut repérer ce à quoi votre interlocuteur est sensible, à quelle catégorie il appartient.

Plusieurs découpages sont possibles.

On peut citer les catégories de la Process Communication* du psychologue américain Taibi Kahler : analyseur (ou travaillomane), persévérant, empathique, imagineur (ou rêveur), énergiseur (ou rebelle) et promoteur.

On peut également citer le DISC*, qui met en évidence huit tendances : motivateur, promoteur, facilitateur, supporteur, coordinateur, évaluateur, organisateur et conducteur.

Ou, plus complet encore, le référentiel des seize personnalités du fameux test MBTI* : l'architecte, le logicien, le commandant, l'innovateur (les analystes), l'avocat, le médiateur, le protagoniste, l'inspirateur (les diplomates), le logisticien, le défenseur, le directeur, le consul (les sentinelles), le virtuose, l'aventurier, l'entrepreneur, l'amuseur (les explorateurs).

Mais, finalement, le référentiel n'est qu'une béquille, utile ou non. Ce qui est important, c'est la prise de conscience de l'hétérogénéité des profils et la volonté de les décrypter pour mieux les faire vibrer. Ce qui compte c'est d'établir une carte d'empathie* pour vos collaborateurs proches, comme nous l'enseignent les techniques d'ethno-marketing*.

La carte d'empathie

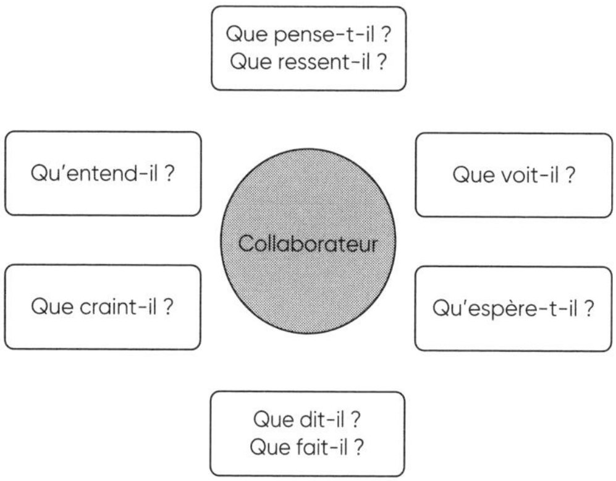

- Que pense-t-il et que ressent-il ? : qu'est-ce qui est important pour lui ? Quelles sont ses préoccupations majeures ? quelles sont ses valeurs ?
- Que dit-il et que fait-il ? : quelle est son attitude en public ? quelle est son apparence ? quel est son comportement avec autrui ?
- Qu'entend-il ? : à quoi est-il sensible ? Que retient-il ?
- Que voit-il ? : à quoi est-il sensible ? Que retient-il ?
- Que craint-il ? : quelles sont ses peurs ? quelles sont ses frustrations ? de quoi souffre-t-il ?
- Qu'espère-t-il ? : quel est son idéal ? quels sont ses critères de réussite ?

Il est ensuite assez facile, une fois cette carte établie, de rentrer en résonance avec chaque collaborateur en adaptant chaque fois votre discours.

Savoir décider

Il y a les actions relativement faciles à réaliser car elles s'imposent d'elles-mêmes mais parfois plusieurs chemins s'ouvrent devant nous et il nous faut décider rapidement lequel prendre. Ne pas savoir décider ruine l'efficacité.

La difficulté de la prise de décision

Il s'agit ici d'un défaut, d'un biais cognitif, qui est assez voisin de la procrastination*. Face à une décision, un choix structurant on rechigne à sauter le pas, on s'accorde un temps supplémentaire de réflexion, on lambine...

Deux écueils doivent être identifiés pour être ensuite neutralisés : l'autolimitation par les inférences, et le poids des *side effects**.

La lutte contre les inférences*

De nombreux biais cognitifs* nous poussent à nous autolimiter, à avoir tendance à reconduire les solutions existantes sans balayer réellement toute l'étendue des possibles.

Voici une énigme à chercher.

Vous avez cinq sacs A, B, C, D et E contenant tous le même nombre de billes de 10 grammes, sauf un qui contient des billes de 9,5 grammes. Le nombre exact de billes dans chacun des sacs n'a pas vraiment d'importance pour la suite : disons 10 pour fixer les esprits. Vu le grand nombre de billes dans un seul sac, il est impossible de détecter à la main quel est celui avec des billes de 9,5 grammes. On vous fournit une balance mais vous n'avez droit qu'à une seule pesée.

Comment faites-vous pour trouver le sac contenant les billes légèrement moins lourdes ?

Rares sont les personnes qui vont trouver l'astuce.

Pour ce faire, on prélève une bille dans le sac A, deux billes dans le sac B, trois billes dans le sac C, quatre billes dans le sac D et cinq billes dans le sac E. On pèse le tout. Si toutes les billes faisaient 10 grammes la pesée donnerait un résultat de 150 grammes.

- Si on obtient 149,5 grammes le sac contenant les billes de 9,5 grammes est le sac A.
- Si on obtient 149 grammes le sac contenant les billes de 9,5 grammes est le sac B.
- Si on obtient 148,5 grammes le sac contenant les billes de 9,5 grammes est le sac C.
- Si on obtient 148 grammes le sac contenant les billes de 9,5 grammes est le sac D.
- Si on obtient 147,5 grammes le sac contenant les billes de 9,5 grammes est le sac E.

Pourquoi dans la grande majorité des cas ne trouve-t-on pas la solution? Parce qu'on ne s'autorise pas à ouvrir les sacs. Pourtant personne ne vous l'a interdit! Vous avez été victime d'une inférence!

Qu'est-ce qu'une inférence* ? C'est une limitation que l'on s'inflige à soi-même ou un évènement probable que l'on pense malheureusement inéluctable. Si vous êtes victime d'inférences forcément vous réduisez votre champ des possibles, vous vous privez d'un coup de certaines possibilités.

Au contraire, ceux qui savent débusquer les inférences* pourront investir les interstices entre le probable et l'inéluctable et trouver des solutions innovantes aux problèmes posés.

Comme disait John Fitzgerald Kennedy : «La plupart des gens regardent les choses comme elles sont et se demandent : pourquoi? Moi je regarde les choses comme elles pourraient être et je me demande : pourquoi pas?».

Dans cette lutte contre les inférences*, méfions-nous en particulier de l'expérience, du savoir, de l'accumulation de connaissances, qui risquent de nous amener à privilégier toujours les mêmes solutions.

Appuyons-nous sur l'expérience mais en gardant un esprit ouvert.

Comparez les positions respectives de Churchill d'un côté, de Gamelin ou Weygand, les généralissimes français ayant subi la défaite de 1940 face aux percées allemandes de l'autre.

Ces deux chefs militaires français, probablement oubliés par la plupart – tout au moins Gamelin – en étaient restés aux solutions tactiques de la guerre précédente, celle de 14-18, la grande guerre, la guerre des tranchées. Impossible pour eux d'imaginer des unités mécanisées où des chars étaient regroupés et fonçaient, appuyés par de l'aviation.

C'est ainsi que l'armée française, encore réputée cinq ans avant comme la meilleure armée du monde a été fauchée en une semaine.

Dieu merci, de l'autre côté de la Manche, contre toute attente, Winston Churchill s'est vu nommé premier ministre.

Ce dernier a prononcé deux discours célèbres devant la chambre des communes.

Dans le premier il dit n'avoir rien à offrir que du sang, des larmes et de la sueur.

Dans le second il déclare dans sa péroraison : « Nous nous battrons sur les plages, nous nous battrons sur les aéroports, nous nous battrons dans les rues, nous ne nous rendrons jamais ! ». Mais un peu plus haut il dit aussi : « Nous sommes sûrs que de nouvelles méthodes seront adoptées. Nous devons assurément nous préparer à toutes sortes de nouveaux stratagèmes et toutes sortes de manœuvres perfides. Je pense qu'aucune idée n'est assez folle pour qu'elle ne soit pas considérée et scrutée avec un œil studieux, et en même temps, je l'espère, sérieux ».

L'expérience doit vivifier l'imagination et ne pas la scléroser

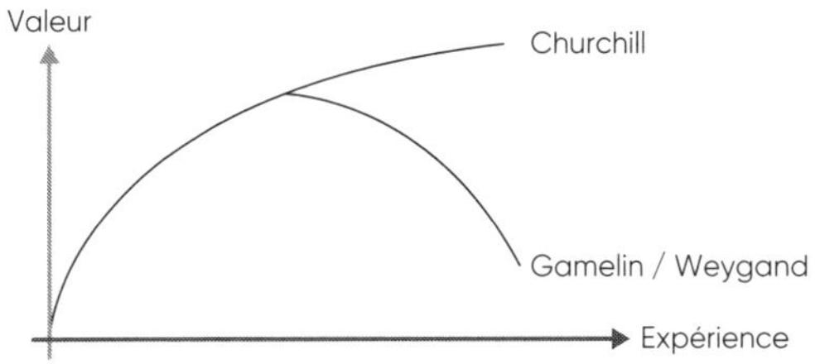

Regardez bien la différence de comportement par rapport à l'expérience représentée dans le schéma ci-dessus : Churchill arrive à surfer sur l'expérience déjà acquise pour se renouveler alors que les chefs de l'armée française sont comme « étouffés » par la leur. Ils ont dépassé leur point d'inflexion, maximum de production de la valeur.

La balance des *side effects*

Le deuxième frein à la prise de décision est ce que l'on appelle l'effroi devant les *side effects* – autrement dit, devant les effets collatéraux. Ce sentiment qui bloque la prise de décision peut être combattu par l'utilisation d'un outil appelé balance des *side effects*.

C'est une loi universelle de la nature : on ne peut pas gagner sur tous les tableaux. Aucune décision n'est idéale, toutes comportant une face sombre. De façon plus populaire on pourrait dire : « On ne fait pas d'omelette sans casser des œufs ! ». Eh bien, il faut aussi assumer les œufs cassés !

L'attaque de Mers El Kébir, principale base de la marine française en Algérie, décidée par Churchill suite à l'invasion allemande du territoire français a évité qu'Hitler ne fasse main basse sur la flotte française, ce qui aurait représenté un danger mortel pour la flotte britannique mais du même coup a provoqué pour longtemps un sentiment d'anglophobie dans la marine française. Churchill était bien conscient qu'il allait de par sa décision provoquer ce sentiment d'anglophobie, mais il a assumé ce risque par rapport au bénéfice principal de l'opération. C'était un homme d'État.

De la même façon, dans l'entreprise, un grand manager se reconnaît dans son aptitude à prendre des décisions, à en assumer les *side effects*. Il ne peut le faire que s'il utilise la balance de ces derniers illustrée comme le tableau ci-dessous.

Outil balance des *side effect*

Rep	Bénéfice	Score	Side effect	Score	Score résiduel
1	Bénefice	100			
2			*Side effect 1*	20	80
3			*Side effect 2*	10	70
4			*Side effect 3*	5	65

Certains renoncent à une décision dès l'identification du premier *side effect*. Il faut dépasser cette attitude et passer à l'étape suivante : ce *side effect* remet-il réellement en cause la décision ?

À gauche on prend comme référence 100 le bénéfice attendu de la décision.

Quel va être le déchet apporté par le *side effect* 1 ? On va l'estimer à 20 %.

Le déchet apporté par le *side effect**2 sera évalué à 10 %, le déchet apporté par le *side effect* 3 sera évalué à 5 %.

Après avoir fait l'inventaire de tous les *side effects* possibles, il restera encore les 2/3 des attendus de la décision. Donc celle-ci doit être maintenue.

Pourquoi les décisions sont-elles retardées ou enterrées? Parce que la seule évocation d'un *side effect* enterre la décision. Parce qu'on ne pratique pas une pesée comme ici avec la balance des *side effects*.

La TAF augmentée ou l'approche TAF$^+$

C'est au lecteur de déterminer quels outils et approches il va retenir dans ceux qui lui ont été présentés ici. Il pourra compléter sa panoplie de recettes par la lecture d'autres ouvrages comme les Boîte à outils (éditions Dunod).

Il sera ainsi passé de la méthode TAF à l'approche TAF$^+$, qui est la méthode TAF enrichie des outils qu'il aura choisie pour accroître son efficacité.

Un dernier conseil : il doit se limiter en nombre d'outils. Vaut mieux sélectionner un petit nombre d'outils parfaitement assimilés plutôt que s'épuiser à suivre des dizaines d'outils pas forcément maîtrisés.

Conclusion

J'ai longtemps hésité à écrire un livre sur la méthode de gestion du temps TAF, que j'ai créée pourtant il y a longtemps déjà. Embrigadé par mes employeurs sur des problématiques stratégiques ou financières dans lesquelles je me suis toujours réalisé avec bonheur j'ai négligé l'outil TAF pendant des années. Toujours guidé par le principe de la nécessité, je me suis contenté de l'expliquer à mes plus proches collaborateurs, qui l'ont tous adopté.

Deux raisons m'ont finalement poussé à réaliser ce livre : ma passion pour l'écriture et l'incitation d'une collaboratrice proche qui avait déjà essuyé plusieurs échecs avec d'autres méthodes et qui m'a convaincu en qualifiant TAF de pépite, d'outil ultime, de révélation.

Il y a quelques années, j'avais déjà écrit – dans la douleur et la joie – un roman sous un nom d'emprunt et un deuxième est actuellement en chantier. Le lecteur pouvait y lire ma rage d'agir contre les injustices, ma volonté d'apporter un peu de bonheur aux plus défavorisés.

Ce livre supplémentaire, consacré à la méthode TAF, beaucoup plus technique, est certes un peu particulier. Il s'avère néanmoins être une parenthèse enchantée.

Dans sa rédaction j'ai connu exactement les mêmes phases que pendant l'élaboration de romans littéraires. Au début, la difficulté de trouver un plan. Puis il faut sortir au plus vite les idées principales, s'en libérer. Ensuite, vient une période délicieuse où le plus gros est écrit, où on laisse vagabonder son esprit et pendant laquelle de nouvelles images, de nouvelles approches jaillissent à tout moment. Puis, il faut resserrer son propos, couper ici, synthétiser là. Enfin, le moment aussi espéré que redouté arrive : tout est dit, rien ne peut être rajouté.

Dans son résultat, il est bien sûr moins personnel mais ma personnalité n'en est pas moins discrètement présente, elle pointe à chaque page, à chaque présentation des caractéristiques de TAF.

Il fallait avoir cette même rage d'agir, ce même amour de l'autre, exposé dans mes romans, pour concevoir TAF, puis faire l'effort de le vulgariser à travers ce livre.

Cet ouvrage – ce bananier – fait le tour du problème de la gestion du temps. Après une batterie de tests au chapitre I, le chapitre II vous a présenté l'esprit de la méthode TAF à travers ses principes fondateurs. Lui a ensuite répondu de façon pratique le chapitre III avec les différentes phases de la méthode. Mais *doing the right things* ne suffisait pas : il fallait ensuite *doing right the things*. C'est pourquoi dans le chapitre IV nous avons ajouté à cette méthode implacable qui s'occupe de tout et vous assure la pertinence, des outils qui vous accompagnent pour réaliser les actions de façon efficace. Vous passez ainsi de TAF à TAF⁺. Étant à la fois pertinent et efficace vous touchez maintenant le Saint Graal, à savoir l'efficience.

Je ne voudrais pas prendre congé de vous, amis lecteurs, sans citer le poète espagnol Antonio Machado, cher à Thomas Durand, professeur au CNAM qui nous enseigne : «On fait le chemin en cheminant».

Je voudrais reprendre cette formule sur le plan du bonheur.

N'attendez pas d'obtenir de la reconnaissance, d'être promu ou augmenté pour être heureux, surtout avec le soutien de TAF⁺ ! Les résultats, les promotions, les augmentations, rien n'est moins sûr ! Tout cela peut se dérober alors que l'espoir d'y arriver, les efforts pour les atteindre sont présents tous les jours, alors c'est cela qui doit faire votre bonheur !

Ne vous focalisez pas trop sur les reconnaissances possibles, concentrez-vous avec l'aide de TAF⁺ sur le travail de la journée. Réjouissez-vous de la performance atteinte chaque jour et si en plus les reconnaissances arrivent ça sera encore plus de bonheur !

La semaine n'aura plus le même parfum. Le vendredi, ce n'est pas du soulagement, de la délivrance que vous ressentirez mais de la plénitude. Ce sera un délicieux sentiment d'avoir fait avancer les choses, de les avoir organisées, domestiquées, dominées. Vous profiterez à fond de votre week-end et n'aurez même pas peur le dimanche soir lorsqu'une nouvelle semaine s'annoncera. Eh bien quoi, cette nouvelle semaine vous en avez déjà fait connaissance lorsque vous avez établi votre TAF total le vendredi, vous en connaissez déjà les principaux contours !

La vie professionnelle sera devenue ce qu'elle aurait toujours dû être pour vous : un magnifique terrain de jeu qui vous permet d'exprimer vos qualités, qui vous permet de tenir un rôle, même s'il est modeste, de jouer votre partition et qui n'obscurcit pas votre vie privée, bien au contraire !

Que deviendra ce livre ? Je rêve parfois qu'il devienne un bestseller, tellement je pense que TAF+ a de grandes qualités. Je rêve parfois que le monde se peuple de tafistes* un peu partout et qu'ils forment des communautés.

Mais vite l'esprit de TAF+ me fait redescendre de ma stratosphère. Déjà, soyons heureux d'avoir su rédiger cet ouvrage et si un seul lecteur y trouve des solutions à son mal-être dans l'entreprise, cela suffira à mon bonheur.

Lexique

- **Associative (intelligence)** : faculté précieuse du cerveau qui consiste à la vue d'un procédé à en imaginer sa transposition dans un nouveau domaine totalement différent du premier.
- **Biais cognitif** : mécanismes inconscients présents dès la naissance qui prennent le dessus sur un raisonnement logique et faussent les décisions.
- **Caramba (outil / tableau)** : outil visant à réduire l'anxiété. Consiste à écrire ses craintes et regarder ensuite si elles se réalisent dans la réalité. On en déduit un coefficient d'échec des mauvaises nouvelles. Le cerveau privilégiant les mauvaises nouvelles – qui arrivent rarement – ce coefficient va avoisiner 100 %. On gardera sous les yeux le tableau Caramba de la période précédente pour limiter dans la période actuelle les effets du stress.
- **DISC** : modèle psychométrique séparant les collaborateurs en quatre groupes principaux ou huit tendances. Les quatre groupes sont : Dominant (couleur rouge), Influent (couleur jaune), Stable (couleur vert) et Conforme (couleur bleu). Les huit tendances sont : motivateur, promoteur, facilitateur, supporteur, coordinateur, évaluateur, organisateur et conducteur.
- **DMAIC (*Define Measure Analyse Improve Check*) (Définir Mesurer Analyser Améliorer Vérifier)** : méthode de conduite d'un projet dans une entreprise. C'est une phase un peu plus élaborée du PDCA (*Plan Do Check Act*) (Planifier Faire Vérifier Réagir).
- **Drivers** : mécanismes souvent involontaires séquelles de l'éducation, profondément ancrés dans le cerveau et prenant le pas sur un raisonnement logique. Également appelés pilotes.
- **Empathie** (carte d') : outil utilisé en marketing pour « prendre possession » d'une cible clientèle.
  Que pense-t-il et que ressent-il ? : qu'est-ce qui est important pour lui ? Quelles sont ses préoccupations majeures ? quelles sont ses valeurs ?
  - Que dit-il et que fait-il ? : quelle est son attitude en public ? quelle est son apparence ? quel est son comportement avec autrui ?

- Qu'entend-il ? : à quoi est-il sensible ? Que retient-il ?
- Que voit-il ? : à quoi est-il sensible ? Que retient-il ?
- Que craint-il ? : quelles sont ses peurs ? quelles sont ses frustrations ? de quoi souffre-t-il ?
- Qu'espère-t-il ? : quel est son idéal ? quels sont ses critères de réussite ?

Il est également intéressant d'établir une carte d'empathie pour ses principaux collaborateurs d'abord pour leur confier des missions qui sont dans leurs cordes mais aussi pour trouver les leviers qui permettent de maintenir leur motivation.

- **Ethno marketing** : dernière évolution du marketing. Le marketing est d'abord parti des produits qu'il fallait améliorer (*Techno push*), puis est passé aux besoins des clients (*Market pull*). Mais il a été vite considéré que c'était insuffisant, car les clients ne savent pas l'étendue possible des innovations. Il faut donc passer à la troisième phase qu'est l'ethno-marketing. On ne questionne pas directement les clients sur les produits qu'ils voudraient se voir proposer, mais on essaye de comprendre leur mode de vie en établissant par exemple une carte d'empathie. Ayant pris possession du cerveau des clients et connaissant leur mode de vie, on peut dès lors leur proposer des produits qu'ils n'auraient pas pu imaginer tout seul mais qui vont coller à leur mode de vie et les ravir.
- **Exosquelette** : dispositif à base de ressorts ou d'élastiques permettant une aide pour la manipulation des charges lourdes.
- **Fiche poser le probleme (FPP)** : fiche utilisée dans la phase de validation A d'une délégation. Elle comporte différents items à aborder entre le délégant et le délégataire (contexte, objectifs, enjeux, temps alloué, interlocuteurs, pistes possibles, budget, délai, livrables…).
- **Flux poussés (rigides)** : principe d'organisation des ateliers qui consiste à donner aux machines de premier niveau le rôle menant. L'inconvénient est l'impossibilité d'adapter les programmes calculés en début de semaine en fonction des aléas, ce qui conduit immanquablement à la formation de stocks.
- **Flux tires (flexibles)** : principe d'organisation des ateliers qui consiste à donner aux machines de dernier niveau le rôle menant. Contrairement aux méthodes des flux poussés, auxquelles elles s'opposent, les méthodes des flux tirés intègrent sans problème les évènements non prévus et empêchent ainsi la formation de stocks.

- **Futur souhaité (outil)** : outil consistant à se projeter dans le futur et à décrire notre situation future souhaitée par rapport à nos parties prenantes (proches, passions, lieux…). Permet d'être boosté au quotidien par la matérialisation d'un futur souhaité.
- **GANTT (planning)** : outil de planification présentant horizontalement le temps et verticalement les tâches attribuées à différentes personnes. Permet en un seul coup d'œil de voir comment un projet se déroule.
- **Inférence** : phénomène pervers qui consiste à considérer comme inéluctable quelque chose qui n'est que probable. Les personnes sujettes à l'influence des inférences restreignent d'elles-mêmes le champ de leurs possibles et sont dans l'incapacité d'imaginer des solutions novatrices adaptées à une nouvelle donne de l'environnement.
- **KANBAN** : méthode industrielle faisant partie du *lean management*. Il faut reconnaître que c'est vraiment révolutionnaire par rapport aux conceptions de flux poussés. Là il s'agit de flux tirés : chaque atelier amont connaît la consommation de l'atelier aval qu'il alimente et travaille pour lui fournir juste ce qu'il lui faut. L'écoulement des pièces est donc d'une fluidité rare.
- **MBTI (*Myers Briggs Type Indicator*)** : référentiel différenciant 16 personnalités différentes suite à l'analyse de quatre dimensions :
  - L'interaction avec le monde extérieur : intraverti ou extraverti
  - Le mode de collecte d'informations : va-t-on privilégier nos sens ou se fier à notre intuition ?
  - Le mode de prise de décision : est-on plus sensible aux raisonnements ou aux émotions ?
  - La façon de traiter avec le monde extérieur : si on est influencé par le jugement on prendra alors des décisions fermes alors que si on est influencé par la perception nos décisions seront plus flexibles.

  La réponse à chacune des questions étant binaire, cela conduit à 16 profils : l'architecte, le logicien, le commandant, l'innovateur (les analystes), l'avocat, le médiateur, le protagoniste, l'inspirateur (les diplomates), le logisticien, le défenseur, le directeur, le consul (les sentinelles), le virtuose, l'aventurier, l'entrepreneur, l'amuseur (les explorateurs).

  Pour chaque profil on détaille ensuite des points forts, des points faibles, des fonctions de prédilection.

La connaissance du profil MBTI de votre interlocuteur permet de rentrer en résonance avec celui-ci.

- **PARETO (loi de)** : loi très connue affirmant qu'avec 20 % d'efforts on obtient 80 % des résultats. Autrement dit, assez rapidement, les efforts supplémentaires deviennent inutiles.
- **PDCA (*Plan Do Check Act*)** : méthode de conduite de projet. Elle force ses adeptes à décrire ce qu'ils vont accomplir avant de passer à l'action. Puis une fois l'action réalisée il faudra la vérifier et si nécessaire réagir par des actions complémentaires.
- **PDF CreatoR** : outil informatique permettant – entre autres – de transformer un mail sous forme de fichier PDF à des fins de stockage dans la bibliothèque électronique.
- **Pilotes** : mécanismes souvent involontaires séquelles de l'éducation, profondément ancrés dans le cerveau et prenant le pas sur un raisonnement logique. Également appelés drivers*.
- **Pinturicchio (il)** : surnom donné au footballeur Alessandro Del Piero par Giovanni Agnelli, le PDG de Fiat. Il Pinturicchio est un peintre italien de la Renaissance, célèbre pour la délicatesse de son art. Par ses dribbles incessants et ses inspirations géniales, Alessandro Del Piero lui rappelait ce grand peintre.
- ***Process communication*** : modèle de communication développé par Taïbi Kahler. Distingue 6 types distincts : travaillomane (analyseur), rebelle (energiseur), rêveur (imagineur), empathique, persévérant et promoteur.
- **Procrastination** : tendance à remettre au lendemain, à ajourner, à temporiser.
- ***Side effect*** : effet secondaire défavorable, en général inévitable suite à une décision structurante apportant des effets primaires favorables. C'est le même phénomène qu'en médecine où un médicament va s'attaquer frontalement au mal mais risque d'engendrer chez certaines personnes des désagréments, des gênes plus ou moins importantes.
- **TAF** : pièce maîtresse de la méthode TAF. C'est le tableau des actions à faire. En fonction du moment il existera sous diverses formes. En fin de semaine on mettra à jour un TAF total et le TAF de la semaine à venir. En début de chaque journée on établira le TAF journalier, formidable feuille de route.

- **TAF⁺** : approche complète constituée de la méthode TAF assurant d'être pertinent, augmentée d'outils permettant en plus d'être efficace et donc, en bout du compte, d'atteindre l'efficience.
- **Tafiste (ou TAFiste)** : toute personne s'appuyant sur la méthode TAF pour avancer dans sa vie professionnelle ou personnelle.
- **Triangle Coûts-Qualité-Délai** : principe de management prônant la nécessité de répondre de façon progressive à un interlocuteur qui vous questionne. Dans un premier temps on fait une réponse approximative, un embryon de réponse mais on répond. On développe alors un petit triangle Coûts-Qualité-Délais : cela veut dire que comme on n'a ni délai ni ressources financières, la qualité de la réponse sera au diapason, c'est-à-dire faible. Maintenant si dans un deuxième temps votre interlocuteur souhaite une réponse plus fouillée avec du délai et des coûts (ressources financières) on pourra lui fournir une réponse à haute qualité à l'intérieur d'un grand triangle Coûts-Qualité-Délais.
- **VUCA (*Volatility-Uncertainty-Complexity-Ambiguity*) (Volatilité-Incertitude-Complexité-Ambiguïté)** : modèle décrivant le monde d'aujourd'hui et remettant en cause indirectement une planification excessive.
- ***Visual management*** : toute communication visible par tous les collaborateurs. Au lieu de transmettre des informations, on les affiche.
- **Voleurs de temps** : pratiques professionnelles particulièrement chronophages et peu efficaces en termes de résultats.

Bibliographie

AMIC E., *Mieux s'organiser au travail*, auto-publication, Amazon.

BELORGEY P., *La boîte à outils de la gestion du temps*, 2e éd., Dunod, 2023.

BELORGEY P., *La boîte à outils de la process communication*, Dunod, 2023.

CARNEGIE D., *Comment vaincre le stress et les soucis*, Le livre de poche, 2021.

DECLAIR G., DINH B. et DUMONT J., *La 25e heure*, Le livre de poche, 2023.

FLUCHAIRE P., *La révolution du sommeil*, Robert Laffont, 2021.

GUILLOU P. et DICECCA V., *La boîte à outils du management*, Dunod, 2022.

HONORE C., *Éloge de la lenteur*, Marabout, 2021.

LEGERON P., *La peur des autres*, Odile Jacob, 2023.

TEBOUL J. et DAMIER P., *Neuroleadership : le cerveau face à la décision et au changement*, Odile Jacob, 2017.

86060 - (I) - OSB 90° - PCA - MSN
Dépôt légal : mars 2024 - N° d'impression : 2988630Z
DUPLIPRINT
733, rue Saint-Léonard, 53100 MAYENNE
Imprimé en France